Monika Dreykorn
30. Januar 1933

HEUTE: NS.-BILDFUNK

der Angriff

Deutsches Berlin: Fahnen heraus!

Herausgeber: Dr. Goebbels Berlin

Das deutsche Abendblatt in Berlin

Für die Unterdrückten
Gegen die Ausbeuter

Nummer 25
Montag, den 30. Januar
7. Jahrgang 1933

Einzelpreis 10 Pf.
Auswärts 15 Pf.

Reichskanzler Hitler!

Frick Reichsinnenminister — Göring preußischer Innenminister

Berlin, 30. Januar. Amtlich wird mitgeteilt: Der Reichspräsident hat Adolf Hitler zum Reichskanzler ernannt und auf dessen Vorschlag die Reichsregierung wie folgt neugebildet:

Reichskanzler a. D. von Papen zum Stellvertreter des Reichskanzlers und Reichskommissar für das Land Preußen, Freiherrn von Neurath zum Reichsminister des Auswärtigen, Staatsminister a. D. Dr. Frick zum Reichsminister des Innern, Generalleutnant Freiherr von Blomberg zum Reichswehrminister, Graf v. Schwerin-Krosigk zum Reichsminister der Finanzen, Geheimrat Hugenberg zum Reichsminister für Ernährung und Landwirtschaft, Franz Seldte zum Reichsarbeitsminister, Freiherr von Eltz-Rübenach zum Reichspostminister und zum Reichsverkehrsminister.

Den Reichstagspräsidenten Göring zum Reichsminister ohne Geschäftsbereich und gleichzeitig zum Reichskommissar für den Luftverkehr. Reichsminister Göring wurde mit der Wahrnehmung der Geschäfte des Preußischen Innenministeriums betraut. Reichsminister für Arbeitsbeschaffung Gereke wird in seinem Amte bestätigt. Die Besetzung des Reichsjustizministeriums bleibt vorbehalten.

Reichskanzler Hitler wird noch heute Verhandlungen mit dem Zentrum und der Bayerischen Volkspartei aufnehmen. Heute nachmittag, 17 Uhr, findet die erste Kabinettssitzung statt.

Schleichers Sturz im Auslandsspiegel

Französische und italienische Pressestimmen

Paris, 30. Januar. Der Sturz des Kabinetts Schleicher wird in der französischen Presse verhältnismäßig nur mit geringer Aufmerksamkeit besprochen, da das Interesse naturgemäß in erhöhtem Maße der eigenen Regierungskrise gewidmet ist.

Die nationalen Blätter sind sich in der Feststellung einig, daß in Deutschland der nationale Gedanke bei jedem Regierungswechsel neuen Boden gewinne. Aus gelegentlichen Bemerkungen geht hervor, daß man in Paris eine Betrauung Hitlers mit der Neubildung der Regierung für sehr wahrscheinlich ansieht. Vorläufig aber nimmt man zu dieser Wendung der Dinge im einzelnen noch nicht Stellung. Das „Petit Journal" schreibt u. a., die Entschlüsse, die nunmehr gefaßt würden, würden für die Geschichte des Reichs von größter Bedeutung sein.

Die links eingestellten Blätter verfolgen die Entwicklung der Dinge in Berlin mit Mißtrauen und stellen teilweise im Zusammenhang damit die absurde Behauptung auf, eine Wiedereinführung der Hohenzollern-Monarchie sei unter Umständen dicht bevorstehend.

Rom, 30. Januar. Im allgemeinen wird von der italienischen Presse der Rücktritt der Regierung Schleicher lediglich zur Kenntnis genommen. Sowohl die deutsche als auch die französische Regierungskrise seien Etappen der Staatskrise in Europa.

18000 Landwirte vor dem Hungertode

Wie aus Buenos Aires gemeldet wird, nimmt die landwirtschaftliche Krise in Argentinien einen Riesenumfang an. In der Provinz Entre Rios sind nach einem amtlichen Bericht 18 000 Landwirte infolge der Verwüstungen durch Heuschrecken dem Hungertode nahe.

Roosevelt Mitarbeiter

Widerstände gegen einen jüdischen Bankier

New York, 30. Januar. Es wird jetzt bekannt, nach welchen Gesichtspunkten der neue amerikanische Staatspräsident Roosevelt sein Kabinett zusammensetzen wird.

Für das Außenministerium wird der demokratische Senator Hull aus Tenessee genannt, für das Schatzamt der gleichfalls demokratische Senator Glaß aus Virginia. Das Innere soll der Senator Cutting erhalten, der aus Neu-Mexiko stammt und das Arbeitsministerium eine Frau, nämlich Miß Perkins, zur Zeit Arbeitskommissarin im Staate Newyork. Das Armeeministerium soll dem Senator Gerry zugesprochen werden, und das Handelsministerium dem Bankier Jessel Strauß aus Newyork.

Die Liste ist noch nicht endgültig und dürfte noch verschiedene Aenderungen erfahren. Für den Posten des Generalpostmeisters, der in der Hauptsache repräsentativen Charakter hat, wird hinter den Kulissen noch gekämpft. Anscheinend hat ihn Roosevelt seinem Wahlkampfleiter Farley als Belohnung zugedacht. Gegen die Betrauung des jüdischen Bankiers Strauß erheben sich in der Demokratischen Partei selbst außerordentlich starke Widerstände.

Nach der Verfassung ist der amerikanische Präsident bei der Bildung seines Ministeriums vollkommen unabhängig. Die Minister, die den Titel Unterstaatssekretäre führen, arbeiten nach der Weisung des Präsidenten und sind nur ihm, aber keinem Parlament verantwortlich.

Kapstadt, 30. Januar. Lokale Streitigkeiten zwischen zwei Häuptlingen haben im Distrikt Natal schwere Kämpfe zwischen Eingeborenen entfesselt. Die Zahl der Kämpfenden beträgt über 4000, und es wurden bisher bei den Auseinandersetzungen vier Eingeborene getötet und rund 50 verwundet. Die südafrikanische Regierung hat starke Polizeikräfte in Marsch gesetzt, um weiteres Blutvergießen zu verhindern.

Reinen Tisch machen!

Von Dr. Joseph Goebbels

Nachstehende Ausführungen wurden vor der inzwischen erfolgten Entscheidung geschrieben. Sie sind jedoch geeignet, die Lage, die zu der Entscheidung führte, klar zu beleuchten, weshalb wir sie dennoch wiedergeben.

Wir stellen mit einer gewissen Genugtuung fest, daß unsere Prophezeiungen, die wir dem Kabinett von Schleicher bei seinem Amtsantritt mit auf den Weg gaben, fast auf den Tag genau eingetroffen sind. Wir erklärten damals, man könne mit bloßer Taktik der schwierigen grundsätzlichen Fragen, vor die Deutschland gestellt sei, nicht Herr werden. Man müsse sich so oder so entscheiden, und wer dazu nicht fähig oder willens sei, der werde über kurz oder lang zwischen den feindlichen Fronten zerrieben. Wir machten auch keinen Hehl daraus, daß dieses Schicksal Herrn von Schleicher und seine Regierung eher, als man im Dezember glauben wollte, ereilen würde, und fügten noch einmal zu allem Ueberfluß die Binsenwahrheit hinzu, daß man ohne oder gar gegen den Nationalsozialismus eben nicht regieren könne, daß schon das bloße Vorhandensein dieses geschlossenen 12-Millionen-Blocks als feindlicher Phalanx jedes Kabinett ruinieren und zur Strecke bringen würde, und daß man deshalb gut daran täte, endgültig die Versuche aufzugeben, an diesem Block vorbeizukommen, sich im Gegenteil mit ihm irgendwie auseinanderzusetzen und ihm das Recht zukommen lassen müsse, auf das er auf Grund seiner Arbeit, seiner Leistung und seines Erfolges mit Fug Anspruch erhebe.

Unerbittliche Notwendigkeiten

Der General von Schleicher hat unsere Warnungen in den Wind geschlagen. Er glaubte mit seinen „geschmeidigen Händen" diese harte und unerbittliche Notwendigkeit abmildern und ungefährlich machen zu können. Er ist an diesem Unterfangen zerschellt und hat dabei seinen guten Namen, einen großen Teil seiner bisherigen Verdienste und wohl auch eine bedeutende politische Zukunft verspielt.

Wir wissen nicht, ob man jetzt wieder auf den Ausweg verfallen wird, Hitler und seiner Bewegung noch einmal einen neuen Kanzler entgegenzustellen. Sollte das der Fall sein, so können wir nur resigniert zur Antwort geben: „Der nächste Herr bitte!" Nur mit einem Unterschied gegen die bisherigen Kanzler, die wir zum Sturz brachten: bei Brüning brauchten wir zwei Jahre, um ihn zu fällen, bei Papen genügten fünf Monate, und bei Schleicher hatten wir nicht einmal zwei Monate nötig. Würde ein anderer als Hitler ernannt, er wäre vermutlich in knapper Monatsfrist ein toter Mann, und das Tauziehen könnte aufs neue beginnen.

Es ist Zeit!

Aber denken wir nicht daran! Nehmen wir im Interesse des deutschen Volkes und im Hinblick auf die immer gefährlicher sich zuspitzende Situation an, daß in der Wilhelmstraße die Vernunft obwalten wird, und die Berater des Herrn Reichspräsidenten ihm nun endlich den Weg zeigen, auf dem allein eine Behebung der latenten Krise, unter der Deutschland zugrunde zu gehen droht, gefunden werden kann. Zeit ist es. Die innerpolitischen Gegensätze sind bis zu einem Maße verschärft, daß der offene Aufruhr jederzeit, wenn es im Belieben der bolschewistischen Zentrale liegt, entfesselt werden kann. Schon drohen die jüdischen Asphaltblätter mit dem Generalstreik. Die „Rote Fahne", der „Vorwärts" und die ihr wesens- und geistesverwandten Journaille führen eine Sprache, die alles bisher Dagewesene in den Schatten stellt. Polizei und Reichswehr imponieren den roten Friedensbrechern nicht mehr. Es gibt nur eine Kraft, die diese heraufziehende Gefahr von Deutschland abschütteln kann: das ist das erwachende Volk, das im Nationalsozialismus seinen Sinn, seine Deutung und seine politische Zielrichtung gefunden hat.

Auf der anderen Seite haben die wirtschaftspolitischen Experimente der vergangenen Regierungen die ganze Produktion in ein Trümmerfeld verwandelt. Schöngefärbte Statistiken können nicht darüber hinwegtäuschen, daß es in Deutschland nahezu zehn Millionen Menschen ohne Arbeit gibt. Die mit großem Bombast angekündigten Arbeitsbeschaffungsprogramme sind, ehe sie überhaupt zum Zuge kamen, schon vollkommen steckengeblieben. Das Volk ist um etliche Hoffnungen ärmer geworden und mit seiner Geduld nun bald zu Ende.

Nur eine Lösung!

Der Mann von der Straße schaut mit grimmer Empörung dem in allen Variationen sich ewig wiederholenden Intrigen- und Cliquenspiel zu, und auch der Dümmste kommt nun allmählich zu der Erkenntnis, daß das alles nicht nötig wäre, daß es eine Lösung gibt, die mit einem Schlage Deutschland vor eine neue Situation stellen würde, und daß alle Einwände, Bedingungen, Vorbehalte, alle Intrigen und parteipolitischen Bosheiten nur erdacht werden, um diese eine Lösung zu umgehen oder ganz zu vermeiden.

Und diese Lösung heißt, heute wie gestern, wie im November und im August: Gebt Hitler die Führung!

Die jüdische Presse hat uns in den vergangenen Monaten verhöhnt und verlästert, wenn wir immer und immer wieder mit einer fast stereotypen Gleichmäßigkeit diese eine Forderung erhoben. Sie hat sich als die Wortführerin des deutschen Defaitismus hinter jeden Kanzler versteckt in der Hoffnung, ihn für ihr Zersetzungs- und Zerstörungswerk am Nationalsozialismus gewinnen und ausnutzen zu können. Als gar kein anderes Mittel mehr half, da versuchte man die eherne Front dieser jungen Bewegung in sich selbst aufzulösen und zu zerspalten. Es war alles umsonst. Der Nationalsozialismus hat seine große Charakterprobe siegreich bestanden, und geklärt und geläutert, stärker und durchschlagskräftiger denn je, verharrt er heute auf seinem Recht und auf dem Anspruch, die

Monika Dreykorn

30. Januar 1933

HITLER AN DER MACHT!

THEISS

Die Deutsche Nationalbibliothek verzeichnet diese Publikation
in der Deutschen Nationalbibliografie;
detaillierte bibliografische Daten sind im Internet über
http://dnb.d-nb.de abrufbar.

Der Theiss Verlag ist ein Imprint der WBG
(Wissenschaftliche Buchgesellschaft), Darmstadt

Die Herausgabe des Werkes wurde durch die Vereinsmitglieder
der WBG ermöglicht
Redaktion: Christina Kruschwitz, Berlin
Umschlaggestaltung: Jutta Schneider, Frankfurt a. M.
Umschlagbild: Adolf Hitler und Paul von Hindenburg am 21. März 1933 in Potsdam.
Foto: bpk Berlin
Satz: mm desgin, Mario Moths, Marl
Gedruckt auf säurefreiem und alterungsbeständigem Papier
Printed in Germany

Besuchen Sie uns im Internet: www.wbg-wissenverbindet.de

ISBN 978-3-8062-3046-8

Elektronisch sind folgende Ausgaben erhältlich:
eBook (PDF): 978-3-8062-3102-1
eBook (epub): 978-3-8026-3103-8

INHALT

KAPITEL 1:

Ein Montag im Januar

Es ist Montagmorgen. Der 30. Januar 1933. Ein eiskalter Wintertag. Berlin. Reichspräsident Paul von Hindenburg wälzt sich in seiner Residenz in der Wilhelmstraße 77 bei Tagesanbruch unruhig in seinem Bett herum. Was würde dieser Tag wohl bringen? Weiteres Parteiengezänk, einen Putschversuch, eine neue Reichsregierung?

6.00 Uhr morgens, Schlafzimmer Paul von Hindenburgs
Die Ausgangssituation
Hindenburg steht heute vor einem Tag der Entscheidung: Seit Monaten blockieren sich der Reichstag und die von ihm eingesetzten Regierungen gegenseitig. Im Parlament haben die radikalen Parteien das Sagen: Die Nationalsozialisten unter der Führung Adolf Hitlers haben als größte Fraktion mit 33,1 Prozent ein komfortables Stimmenpolster und auch die Kommunisten sind mit 16,9 Prozent stark vertreten. Zusammen bilden sie eine zerstörerische Allianz: Denn beide wollen die demokratische Weimarer Republik erklärtermaßen beseitigen. Die einen von links, die anderen von rechts. Gegen letztere Variante hätte Hindenburg prinzipiell nichts einzuwenden, doch er will einen offenen Verfassungsbruch und eine Revolution vermeiden. Zudem ist ihm der Anführer der NSDAP, Adolf Hitler, zuwider. Dazu kommen dann noch die Sozialdemokraten mit 20,4 Prozent, die Hindenburg definitiv auch nicht an der Regierung haben will. Ihm schwebt eine rechts-konservative Regierung ohne Hitler vor, die Deutschland endlich wieder einig und groß machen soll. Doch die ist mit den gegebenen Mehrheitsverhältnissen einfach nicht machbar.

Zwei Tage zuvor hat die bisherige Regierung unter Reichskanzler Kurt von Schleicher nach nur zwei Monaten Regierungszeit das Handtuch geworfen, weil Hindenburg dem Reichskanzler die Unterstützung aufgekündigt hatte. Will Schleicher nun die Macht mit Gewalt wieder an sich reißen? Die Gerüchteküche brodelt. Es ist nicht ganz klar, wie sich die Reichswehr verhalten würde, sollte Schleicher tatsächlich putschen. Als General, langjähriger Mitarbeiter im Reichswehrministerium und Reichswehrminister ab Juni 1932 verfügt er über beste Verbindungen zur Militärführung. Kurt von Hammerstein, der Chef der Heeresleitung, ist in dieser Sache undurchschaubar.

Soll Hindenburg tatsächlich, wie es ihm sein Berater Franz von Papen ans Herz gelegt hat, seinen Widerwillen gegen Hitler und dessen Partei aufgeben, damit eine rechte Regierung mit einer breiten Mehrheit entstehen kann? Dann müsste er diesen ungehobelten Machtmenschen, der es im Weltkrieg nur zum Gefreiten gebracht hat, zum Reichskanzler ernennen. Das ist Hitlers Bedingung gewesen. Ganz gegen seine Gewohnheit kann der Langschläfer Hindenburg bei diesen Aussichten für den Tag schon im Morgengrauen nicht mehr schlafen ...

7.00 Uhr morgens, Wohnung Franz von Papens
Letzte Absprachen

Auch in der Dienstwohnung des Reichskanzlers im Reichsinnenministerium in der Wilhelmstraße 74, die der frühere Reichskanzler Franz von Papen nach seinem Sturz als Reichskanzler im November 1932 gar nicht erst geräumt hat, herrscht schon in aller Frühe reges Treiben: Heute will Papen dem Reichspräsidenten und dann der Öffentlichkeit eine neue Regierung nach seinem Geschmack präsentieren: Eine „Regierung der nationalen Konzentration". Schon um sieben Uhr morgens lässt er die entscheidenden Männer hierfür aus dem Bett klingeln: Bei ihm versammeln sich Franz Seldte und Theodor Duesterberg, die beiden „Bundesführer" des Stahlhelms, einem politisch sehr einflussreichen rechtskonservativen Frontsoldatenverband. Mit dabei ist auch

Alfred Hugenberg, Vorsitzender der Deutschnationalen Volkspartei und Medienmogul eines riesigen Zeitungs- und Filmimperiums. Aufgeregt setzt Franz von Papen seine Gäste ins Bild: „Wenn nicht bis 11 Uhr eine neue Regierung gebildet ist, marschiert die Reichswehr. Eine Militärdiktatur unter Schleicher und Hammerstein droht.“ Ihm kommen diese Gerüchte ganz recht, denn damit kann er die Entscheidungsfindung etwas beschleunigen.

8.00 Uhr, Hotel Kaiserhof
Unruhe im Quartier Hitlers und der Nationalsozialisten
Unweit der Wohnung von Papens, im obersten Stockwerk des vornehmen Hotels Kaiserhof, dem Quartier des NSDAP-Vorsitzenden Adolf Hitler, wenn er in Berlin zu tun hat, ist die Nacht ebenfalls kurz gewesen. Bis fünf Uhr morgens hat man die Lage erörtert. Noch am Abend hatte es so ausgesehen, als sei die Sensation perfekt: Hitlers Ernennung zum neuen Reichskanzler. Man hatte bereits die Ministerliste ausgehandelt. Doch dann tauchten in der Nacht Gerüchte von einem Putsch der Potsdamer Garnison auf. Joseph Goebbels, Parteistratege und rechte Hand Hitlers, notiert in sein Tagebuch: „Wir überlegen lange. Hitler in ganz großer Fahrt. (...) Bis nachts 5 sitzen wir. Es passiert nichts.“ Ein außergewöhnliches Verhalten kündigt auch hier die Bedeutung des Tages an: Der notorische Langschläfer Hitler steht trotz der kurzen Nachtruhe völlig gegen seine Gewohnheit früh auf. Und auch vor dem Hotel versammeln sich schon in aller Frühe immer mehr neugierige „Führer“-Verehrer, die mit Spannung die Ereignisse des Tages erwarten.

8.30 Uhr, Anhalter Bahnhof
Verwirrung um General Werner von Blomberg
Im Nachtzug aus Genf rauscht zur gleichen Zeit General Werner von Blomberg heran. Bis Sonntagvormittag hat er die deutsche Delegation bei der Genfer Abrüstungskonferenz angeführt. Völlig überraschend hat ihn dann mitten in der Konferenz der Befehl des Reichspräsidenten erreicht, auf schnellstem Wege nach Berlin zu kommen. Blomberg hat

keine Ahnung, worum es geht. Als der Zug um 8.30 Uhr im Anhalter Bahnhof einfährt, wartet bereits der Adjutant des Chefs der Heeresleitung auf ihn. Kurt von Hammerstein will sich ein Bild der verworrenen Lage verschaffen. General Werner von Blomberg will schon mit diesem in den Dienstwagen steigen, als plötzlich Oskar von Hindenburg auf ihn zueilt, der Sohn des Reichspräsidenten. Beide Männer reden wild gestikulierend auf ihn ein. Jeder will, dass er auf der Stelle mit ihm kommt. Wem soll er folgen? Dem Reichspräsidenten, der ihn einbestellt hat? Oder dem Chef der Heeresleitung, der ihm direkt vorgesetzt ist? Schnell überzeugt Oskar von Hindenburg den Schwankenden, dass er dem persönlichen Befehl des Ranghöheren und damit dem des Reichspräsidenten als Oberbefehlshaber über alle Streitkräfte zu folgen habe.

9.30 Uhr, beim Reichspräsidenten
Vorab-Vereidigung des neuen Reichswehrministers

Dass der Chef der Heeresleitung versucht hat, den vom Reichspräsidenten einbestellten General zu sich zu beordern, gibt den Putschgerüchten nur neue Nahrung. Dabei wollte sich Hammerstein von dem General wohl tatsächlich nur über den Stand der Dinge informieren lassen. Umso dringlicher erscheint dem Reichspräsidenten ein deutliches Machtwort. Als Oskar von Hindenburg mit Blomberg im Schlepptau beim Reichspräsidenten erscheint, eröffnet dieser dem General, er solle neuer Reichswehrminister werden und die „Reichswehr aus dem Parteiengezänk heraushalten". Und um angesichts der angeblichen Putschgefahr gleich Fakten zu schaffen und sich des Militärs als Machtinstrument zu versichern, vereidigt Hindenburg Werner von Blomberg gleich auf sein neues Amt – noch bevor die ganze Regierungsmannschaft feststeht.

10.20 Uhr, Hotel Kaiserhof
Warten auf die kommenden Ereignisse

Vor dem Hotel Kaiserhof haben sich seit dem frühen Morgen immer mehr Schaulustige versammelt. Angeblich hat Goebbels sogar alle verfügbaren SA-Männer als Claqueure für diesen spannenden Tag engagiert. Immer wieder fahren hohe SA-Führer vor, Politiker und Journalisten geben sich die Klinke in die Hand. Allen ist klar, dass sich etwas tut, doch keiner weiß Genaueres. Kurz vor halb elf werden die Neugierigen vor dem Hotel Kaiserhof für ihr langes Warten belohnt. Hitler, begleitet von seinen Parteigängern Hermann Göring und Wilhelm Frick, besteigt seinen offenen Mercedes und lässt sich die paar hundert Meter vom Hotel bis zu Papens Wohnung chauffieren, wo sich nun nach und nach die Kandidaten für die künftige Regierung versammeln. Die Schaulustigen jubeln Hitler mit „Heil" und „Sieg-Heil"-Rufen zu, obwohl noch keiner genau weiß, was dieser Tag bringen wird.

10.30 Uhr, bei Franz von Papen
Das künftige Kabinett trifft sich

Hitler, Göring und Frick sind die Ersten, die in Papens Wohnräumen eintreffen. Kurz darauf lässt sich Duesterberg melden, der seit der Besprechung am Morgen bei Papen vergeblich versucht hat, Näheres zu den Putschgerüchte zu erfahren. Er ist erstaunt, die drei Nationalsozialisten hier bei Papen anzutreffen, und geht grußlos an ihnen vorüber. Hatten ihn doch die Nationalsozialisten in der Vergangenheit heftig wegen seines jüdischen Großvaters angegriffen. Hitler, der befürchtet, Duesterberg könnte ihm noch einen Strich durch die Rechnung machen, nutzt seine Fähigkeit zur Verstellung: Er tritt auf Duesterberg zu, greift dessen Hand und versichert ihn mit bewegter Stimme seines Bedauerns über die früheren Beleidigungen durch die nationalsozialistische Presse und beteuert seine persönliche Unschuld. Auch Göring geht auf den Stahlhelmmann zu: „Jetzt müssen wir aber fest zusammenhalten!" Hitler ist anscheinend wieder einmal sehr überzeugend, denn der Militärmann lässt sich von ihm erweichen.

Dann tritt der neue, schon vereidigte Reichswehrminister Werner von Blomberg dazu. Er schildert die Szene am Bahnhof und schürt damit auch in dieser Runde wieder die Angst vor einem Putsch.

Dies kann Papen nur recht sein, denn der hat noch ein Problem: Zwar haben alle Mitglieder der künftigen Regierung nach wochenlangen, zähen Geheimverhandlungen einer Kanzlerschaft Hitlers zugestimmt, doch eines hat er seinen künftigen Regierungspartnern dabei verschwiegen: Hitler hat seine Kanzlerschaft in dieser Konstellation mit der Bedingung verknüpft, dass der Reichstag sofort aufgelöst werde und Neuwahlen ausgeschrieben würden. Für Hugenberg und Duesterberg ein unmögliches Zugeständnis, wie sie Papen gegenüber auch immer deutlich gemacht haben. Hugenberg war klar, dass Neuwahlen den Nationalsozialisten die Macht vollends in die Hände spielen würden.

10.45 Uhr, Residenz des Reichspräsidenten, Büro Otto Meissners
Beinahe platzt das Kabinett Hitler noch

Die Uhr zeigt 10.45 Uhr. Durch den verschneiten Garten des Ministeriums gelangen die Männer direkt zum Hintereingang der Residenz des Reichspräsidenten – ohne irgendwelchen Fotografen in die Arme zu laufen, die vor dem Sitz des Staatsoberhauptes warten. Im Büro des Staatssekretärs Otto Meissner, der rechten Hand Hindenburgs, kommt es dann zum Showdown: Papen stellt den anwesenden Ministerkandidaten Hitler als „Herrn Reichskanzler" vor. Nun legt Hitler seine Karten auf den Tisch: Er verlangt die Zustimmung zur Auflösung und Neuwahl des Reichstags. Eine Provokation! Hugenberg bittet Staatssekretär Meissner, den Reichspräsidenten um einen kurzen Aufschub zu ersuchen. In den nächsten Minuten droht das von Franz von Papen so mühsam austarierte Kabinett noch einmal zu platzen. Der aufgebrachte Hugenberg geht nicht von seiner ablehnenden Haltung gegenüber Neuwahlen ab. Papen redet auf ihn ein. Hitler beschwört ihn und gibt ihm sein Ehrenwort, dass die Ministerriege auch nach der Wahl so zusammengesetzt bliebe wie an diesem Tag. Doch Hugenberg bleibt bei seinem Nein.

Staatsekretär Meissner hat die Uhr im Auge: „Meine Herren! Es ist fünf Minuten über die Zeit. Der Herr Reichspräsident liebt Pünktlichkeit!" Doch weder Hitler noch Hugenberg lenken ein. In aller Ausführlichkeit begründet Hugenberg nochmals seinen Standpunkt.

Mittlerweile lässt Hindenburg seinen Staatssekretär zu sich rufen. Er fragt, warum ihn die Herren schon eine Viertelstunde warten lassen. „Sie sollen sich endlich entscheiden“, sagt er grollend, „ob sie eine Regierung bilden wollen oder nicht. Für Verhandlungen war vordem genug Zeit.“ Nun hatte er sich endlich entschieden, Hitler zum Reichskanzler zu machen, und nun ließen ihn die Herren auch noch warten.

Zurück in der Runde wird Meissner deutlich: „Der Herr Reichspräsident lässt bitten, ihn nicht mehr warten zu lassen. Es ist jetzt 11.15 Uhr. Der Alte Herr kann sich jeden Augenblick zurückziehen!“ Das sitzt. Als Hitler schließlich nochmals auf Hugenberg einwirkt, gibt dieser nach. Hugenberg schlägt vor, dem Reichspräsidenten den Schiedsspruch in dieser Frage zu überlassen. Die Entscheidung ist gefallen. Schon am nächsten Tag soll Hugenberg zu einem Vertrauten gesagt haben: „Ich habe gestern die größte Dummheit meines Lebens gemacht. Ich habe mich mit dem größten Demagogen der Weltgeschichte verbündet.“

11.20 Uhr, Residenz des Reichspräsidenten, Empfangssaal
Die neue Regierung wird vereidigt

Die Herren folgen nun eilig dem Staatssekretär über die Treppe zum Empfangssaal des Präsidenten. Dort warten sie, bis Hindenburg erscheint und sie alle der Reihe nach vereidigt. Als Erster erhebt Hitler die Hand und schwört: „Ich werde meine ganze Kraft für das Wohl des deutschen Volkes einsetzen, die Verfassung und die Gesetze des deutschen Volkes wahren, die mir obliegenden Pflichten gewissenhaft erfüllen und meine Geschäfte unparteiisch und gerecht gegen jedermann führen.“ Danach sprechen auch die anderen Herren den Eid auf die Verfassung.

Hitler hält vor der versammelten Mannschaft nun noch eine kleine Rede, in der er versichert, dass er alles daransetzen werde, die Verfassung zu wahren. Er hoffe, dass die Neuwahl eine arbeitsfähige Mehrheit ergeben werde, so dass es zum Wohl des Vaterlandes und seiner Bürger möglich werde, zur parlamentarischen Regierungsform zurückzukehren. Hindenburg, dem das alles schon zu lange gedauert hat, entlässt die neue Regierung mit den knappen Worten: „Und nun, meine Herren, vorwärts mit Gott!“

Gezähmt und eingerahmt?

Was war geschehen? Nach langem Zögern und mehreren anderen Versuchen der Regierungsbildung hatte Hindenburg Adolf Hitler, den Vorsitzenden der stärksten Partei im Reichstag, zum Reichskanzler berufen. Auf ganz legale Weise waren die Nationalsozialisten nun an die Macht gekommen. Doch was heißt an die Macht gekommen? Zahlreiche „Sicherungen“ sollten den Anführer der braunen Massenbewegung einschränken: Neben dem Kanzleramt bekam die NSDAP nur zwei weitere Ministerposten. Wilhelm Frick wurde Innenminister und Hermann Göring Minister ohne Geschäftsbereich. Letzterer wurde allerdings zudem Reichskommissar für den Luftverkehr und übernahm kommissarisch das preußische Innenministerium – einen Schlüsselposten, wie sich herausstellen sollte.

Eingerahmt wurden diese drei NSDAP-Minister von acht konservativen Kabinettsmitgliedern: Generalleutnant Werner von Blomberg war zum Reichswehrminister ernannt worden. Drei Minister behielten ihre Ämter aus den zwei vorhergehenden Kabinetten: Freiherr Konstantin von Neurath blieb Außenminister, Johann Ludwig Graf Schwerin von Krosigk Finanzminister und Peter Paul Freiherr von Eltz-Rübenach Post- und Verkehrsminister. Darüber hinaus wurde Dr. Günther Gereke als Reichskommissar für Arbeitsbeschaffung in seinem Amt bestätigt.

Neu im Kabinett waren der Medienmogul Dr. Alfred Hugenberg als „Superminister“ – er war Reichswirtschaftsminister und Reichsminister für Ernährung und Landwirtschaft gleichzeitig – sowie Franz Seldte vom Stahlhelm, der das Reichsarbeitsministerium übernahm. Und schließlich gab es da noch Franz von Papen, der zum Vizekanzler und Reichskommissar für das Land Preußen bestimmt wurde, das zwei Drittel des Reiches umfasste. Hitler sollte nur mit ihm zusammen dem Reichspräsidenten vortragen dürfen. Das sah nicht nach einer „Machtergreifung“ der Nationalsozialisten aus. „Was wollen Sie denn“, soll Papen einem Warner entgegnet haben, „in zwei Monaten haben wir Hitler in die Ecke gedrückt, dass er quietscht.“ Darin sollte er sich gründlich getäuscht haben.

Hektische Betriebsamkeit

Als die Herren die Reichskanzlei verlassen, geht ein Raunen durch die wartende Menge. In kürzester Zeit verbreitet sich die Nachricht: „Hitler ist Reichskanzler!“ Beifall brandet auf. Bereitstehende Motorradkuriere der SA brummen auf ihren Fahrzeugen los, um die Nachricht schnellstmöglich in alle Parteigliederungen zu tragen. Gleichzeitig geht die amtliche Meldung an alle Nachrichtenagenturen des Reiches und der Welt hinaus. Bald rufen Zeitungsverkäufer Extraausgaben ihrer Blätter aus. „Reichskanzler Hitler!“, titelt *Der Angriff*, die nationalsozialistische Zeitung in Berlin, euphorisch. *Der Kämpfer*, die kommunistische Zeitung im Ruhrgebiet, dagegen hat als Schlagzeile: „Massenstreik! Massendemonstrationen! Verhindert die Papen-Hitler-Diktatur!“

Manchen scheint es, heute sei eine neue Zeit angebrochen, andere nehmen den Regierungswechsel nur als eine von vielen Nachrichten wahr. Zu oft haben die Regierungen in den vergangenen Jahren gewechselt.

Gleich am Nachmittag stürzen sich die neuen Minister in die Arbeit. Während Göring im Ältestenrat gegen die Stimmen der SPD und der KPD die für den folgenden Tag geplante Reichstagssitzung um eine Woche verschieben lässt, geben sich bei Hitler Journalisten und Politiker die Klinke in die Hand. In einem ersten Aufruf gibt sich Hitler betont konservativ und vermittelt den Eindruck eines geordneten Regierungswechsels: Er betont den „gemeinsamen Kampf“ der nationalen Verbände und Parteien für „Deutschlands Wiederauferstehung“. Er beschwört die Zuhörer: „Gebt mir euer Vertrauen, dann wird uns auch der Allmächtige seinen Segen zur Wiederaufrichtung eines Deutschen Reiches der Ehre, der Freiheit und des sozialen Friedens nicht versagen.“

Menschenansammlung vor dem Hotel Kaiserhof in Berlin, in dem sich Hitler nach seiner Ernennung zum Reichskanzler aufhält.

Um 17.00 Uhr leitet Hitler bereits die erste Kabinettssitzung, in der es zunächst hauptsächlich um Personalien geht. Alle sind sich einig, dass die Regierung ein Ermächtigungsgesetz vom Reichstag braucht, und alle wollen hierfür die Auflösung des Reichstags und Neuwahlen, weil sie glauben, dass die Regierung so eine Mehrheit bekommen kann. Hugenberg versucht erneut, dies zu verhindern, doch wieder kann er sich nicht durchsetzen.

Auch die Oppositionsparteien treffen sich, um über ihre Linie zu beraten. Die SPD kommt zu dem Schluss, dass man angesichts der legalen Kanzlerschaft Hitlers nicht heftig reagieren könne. Sie mahnt ihre Mitglieder stattdessen zur Ruhe und Disziplin. Die Meinung herrscht vor, dass auch diese Regierung angesichts der wirtschaftlichen Lage bald abtreten werde. Nur die KPD fordert einen Generalstreik gegen die neue Regierung! Doch ihre Flugblätter bleiben ohne Widerhall.

Berufung Hitlers zum Reichskanzler, 30. Januar 1933. Das „Kabinett der Nationalen Konzentration", (v. l. n. r.): Seldte, Gereke, Schwerin v. Krosigk, Frick, v. Blomberg, Hugenberg; sitzend: Göring, Hitler und v. Papen.

Sie bieten stattdessen den willkommenen Anlass, noch in der Nacht die kommunistische Parteizeitung *Rote Fahne* zu verbieten.

Mit einem Fackelzug in die neue Zeit

Überall wird an diesem Tag konferiert und gearbeitet. Besonderen Einsatz zeigen auch Joseph Goebbels und seine Helfer. Sie organisieren innerhalb kürzester Zeit einen abendlichen Fackelzug durchs Brandenburger Tor und die Wilhelmstraße.

Sie wollen genau jetzt für den Reichspräsidenten wie für die gesamte Bevölkerung ein Zeichen setzen und zeigen, welche Macht hinter der nationalsozialistischen Bewegung steht. Deshalb bieten sie nicht nur die Berliner SA- und SS-Einheiten auf, sondern lassen auch Verbände aus der weiteren Umgebung mit gemieteten Lastwagen in die Reichshauptstadt bringen. Sie zwingen den Rundfunk, der bisher streng überparteilich geführt wurde, dazu, die Veranstaltung landesweit zu übertragen. Goebbels weiß die modernen Massenkommunikationsmedien für seine Propaganda einzusetzen.

Und so formt sich nach Einbruch der Dunkelheit ein gewaltiger Fackelzug: SA-Leute, Parteimitglieder, Hitlerjungen sammeln sich, begleitet von Spielmannszügen, Musikkapellen und Fahnenträgern, am Großen Stern im Tiergarten – 17 000 sind bei der Polizei angemeldet. Innenminister Frick hat eigens für sie die Bannmeile des Regierungsviertels aufgehoben.

Kurz nach acht marschieren die ersten von ihnen mit Fackeln durchs Brandenburger Tor. Von hier aus geht es unter den Klängen des „Friedericus-Rex-Marsches" durch die Wilhelmstraße. Vorbei an Reichspräsident Paul von Hindenburg, der am erleuchteten Fenster die Huldigungen der Menge entgegennimmt und mit der Hand den Takt zu den alten Militärmärschen schlägt. Vorbei auch an Adolf Hitler, der mit Göring und Frick im von Scheinwerfern erleuchteten Fenster der Reichskanzlei steht. Der neue Reichskanzler ist beglückt von so viel Huldigung, weit beugt er sich über die Brüstung, winkt und grüßt die Massen mit erhobenem Arm.

Chefstratege Goebbels jubelt bei der Direktübertragung im Rundfunk in die Mikrofone: „Das, was wir unten erleben, diese Tausende und Tausende und Zehntausende und Zehntausende von Menschen, die in einem sinnlosen Taumel von Jubel und Begeisterung der neuen Staatsführung entgegenrufen – das ist wirklich die Erfüllung unseres geheimsten Wunsches, das ist die Krönung unserer Arbeit. Man kann mit Fug und Recht sagen: Deutschland ist im Erwachen!"

Nur mühsam kann die Polizei die Straßen sichern. Zahlreiche Schaulustige mischen sich unter die Marschierenden. Es ist ein Rausch, dem sich nur wenige entziehen können, die vor Ort sind. „Berlin ist heute Nacht in reiner Faschingsstimmung. SA- und SS-Trupps sowie uniformierter Stahlhelm durchziehen die Straßen, auf den Bürgersteigen stauen sich die Zuschauer. Im und um den ‚Kaiserhof' tobt ein wahrer Karneval", notiert der Publizist, Kunstmäzen und Zeitchronist Harry Graf Kessler in sein Tagebuch. Neben patriotischen Hymnen wie der „Wacht am Rhein“, dem „Deutschlandlied“ oder „O Deutschland hoch in Ehren“ erklingen aber auch das Horst-Wessel-Lied („Die Straße frei den brauen Bataillonen“) sowie antisemitische Parolen.

Und doch soll der Eindruck nicht trügen: An diesem Abend gehen viele Berliner auch anderen Tätigkeiten nach. Im Staatlichen Schauspielhaus gibt Gustaf Gründgens den Mephisto, das Deutsche Theater spielt Kleists „Prinz Friedrich von Homburg“ und im Ufa-Palast am Zoo läuft „Der Rebell“ von Luis Trenker. Ein volles Haus hat auch das Reit- und Fahrturnier am Kaiserdamm. Der vor zwei Tagen als Reichskanzler zurückgetretene Kurt von Schleicher hat hier ein Pferd laufen, das symbolträchtig „Abschied“ heißt. In einigen Bezirken wagen sich auch ein paar Gegendemonstranten auf die Straße – Kommunisten und Anhänger des sozialdemokratischen Reichsbanners. Sie werden von der Polizei auseinandergetrieben.

Goebbels, dem die Direktübertragung im Rundfunk nicht reicht, erzwingt um 22 Uhr eine weitere Reportage der „Berliner Funkstunde“, die in allen deutschen Sendern übertragen wird. Erst nach Mitternacht schließt die Übertragung – nur die Sender Stuttgart und München haben zu diesem Zeitpunkt bereits auf Geheiß der Landesregierungen abgeschaltet. Noch hört nicht ganz Deutschland auf die Nationalsozialisten. Das änderte sich jedoch bald.

Später wird Goebbels den Fackelzug mit großem Aufwand eigens für Fotografen und Kameras nachstellen lassen, damit das imposante Ende dieses Tages der Nachwelt noch besser in Erinnerung bleibt. Er inszeniert damit auch visuell die Legende von der „Machtergreifung“ Hitlers. Der Begriff suggeriert, die Nationalsozialisten hätten sich die Macht durch Kampf gegen die herrschende Elite des ungeliebten Weimarer Parteienstaats erobert. Dass Hitler vom Reichspräsidenten und gerade mit Hilfe der Intrigen der konservativen Eliten an die Spitze einer Koalitionsregierung berufen worden war, in der die NSDAP noch dazu nur eine Minderheit bildete, dies überdeckte die

Fackelzug der „nationalen Verbände" SA, SS und Stahlhelm zur Feier der „Machtübernahme" durch das Brandenburger Tor.

Goebbel'sche Legende von der „Machtergreifung". Deshalb sind die Begriffe „Machtübertragung" oder „Machtübergabe" treffender für die Ereignisse des 30. Januars 1933.

* * *

So oder ähnlich verlief der 30. Januar 1933. Die Schilderung des Tages folgt in großen Zügen den Erinnerungen der Beteiligten, wie etwa jenen von Hindenburgs Staatssekretär Otto Meissner oder Joseph Goebbels. Teils im Nachhinein niedergeschrieben, teils mit politischen Absichten verbunden, geben diese Quellen eine subjektive Sicht auf die Ereignisse wider. Dennoch lassen sie die Atmosphäre des Tages erahnen.

KAPITEL 2:

Ein Tag wie jeder andere oder ein Wendepunkt der Geschichte?

„Wieder eine neue Regierung!", für viele Zeitgenossen war der 30. Januar wohl ein Tag wie jeder andere. Nur wer politisch sehr interessiert oder ein Gegner der Nationalsozialisten war, ahnte, was kommen würde. Die Ernennung Hitlers zum Reichskanzler ermöglichte diesem die tatsächliche „Machtergreifung" in den nächsten Wochen und Monaten. Und so ist dieser Tag in der Rückschau eben doch ein Wendepunkt, der Anfang vom Ende, der erste Schritt in den Untergang.

IN DEN AUGEN DER ZEITGENOSSEN

„Jetzt ist also im deutschen Reich Hitler ans Ruder gekommen. Ich glaube nicht, dass dies in irgendeiner Richtung den Anbruch großer Neuigkeiten bedeuten wird. Deutschland ist nach innen und außen ein viel zu schwer beweglicher Körper, als dass sich durch solche Bewegungen in der Fassade etwas ändern könnte." Dies schrieb der Bonner Theologieprofessor Karl Barth am 1. Februar 1933 an seine Mutter. Und der britische Botschafter in Berlin berichtete an diesem Tag nach Hause: „Überall im Lande nahm die Bevölkerung die Nachricht gleichgültig auf."

Gleichgültigkeit, Resignation und düstere Ahnungen

So imposant der Fackelzug im Nachhinein erscheint: Für die meisten Menschen in Deutschland war der 30. Januar wohl ein Tag wie jeder andere. Man kämpfte gegen den Hunger und das Frieren – die Weltwirtschaftskrise hatte die Arbeitslosigkeit in unglaubliche Höhen schnellen lassen: Zu Beginn des Jahres 1933 war jeder dritte Arbeitnehmer arbeitslos. Die Versorgungslage war schlecht. Vor den Stempelstellen der Großstädte und den Essensausgaben der Wohlfahrtsorganisationen gab es lange Schlangen. Kohlen für die Heizung konnten sich, wenn überhaupt, nur die leisten, die noch Arbeit hatten. Immer wieder kam es vor, dass Bäckereien und Metzgereien von Hungrigen geplündert wurden. Man kämpfte aber auch einfach mit den Widrigkeiten des Alltags: Eine Grippewelle hatte im ganzen Land die Schulen, Kasernen und Büros leergefegt. Die Eiseskälte von minus 10 Grad Celsius im Land wollte gar nicht mehr vergehen ...

Die Meldung am 28. Januar vom Rücktritt der Regierung Kurt von Schleicher war für viele keine große Überraschung. Man hatte im vergangenen Jahr ja schon drei Wahlen erlebt – zweimal für den Reichstag und einmal für den Reichspräsidenten. Die Politik schien schon lange nicht mehr Herr der Lage zu sein. Alternativen gab es kaum noch. Die eher links orientierten Menschen fragten sich, ob nicht der Sozialismus oder der Kommunismus der bessere Weg wäre, als so weiterzuwirtschaften. Die konservativen Kreise erhofften sich eine Besserung der Lage von einer autoritären nationalen Regierung unter Ausschaltung des Parlaments, am besten mit einer wieder installierten Monarchie unter dem preußischen Kronprinzen Wilhelm, der bereits für diese Gedankenspiele Gewehr bei Fuß stand.

Für Vertreter der liberalen Richtung kostete es in dieser Zeit viel Überzeugungskraft, in Diskussionen die Fortführung des demokratischen Wegs zu verteidigen. Das Land lag in Agonie. Die Nachricht vom neuen Reichskanzler Hitler war deshalb für nicht wenige in Deutschland nur eine Fortsetzung des Parteiengezänks der vergangenen Monate. Immerhin war nun nach langer Zeit anderer Versuche der Vorsitzende der größten Reichstagsfraktion zum Kanzler berufen worden.

In seinen ersten öffentlichen Auftritten bemühte sich Hitler zudem, jeden Anschein eines fundamentalen Umsturzes der bestehenden Ordnung zu vermeiden. Er versprach, die neue Regierung werde

„die Fundamente wahren und verteidigen, auf denen die Kraft unserer Nation beruht. Sie wird das Christentum als Basis unserer gesamten Moral, die Familie als Keimzelle unseres Volks- und Staatskörpers in ihren festen Schutz nehmen. Sie wird über Stände und Klassen hinweg unser Volk wieder zum Bewusstsein seiner volklichen und politischen Einheit und der daraus entspringenden Pflichten bringen. Sie will die Ehrfurcht vor unserer alten Tradition zur Grundlage machen für die Erziehung der deutschen Jugend. Sie wird damit der geistigen, politischen und kulturellen Nihilisierung einen umbarmherzigen Krieg ansagen. Deutschland darf und wird nicht in einen anarchischen Kommunismus versinken."

Selbst die von Hitler sofort in die Wege geleitete Reichstagsauflösung und die Ankündigung einer baldigen Neuwahl war keine große Nachricht. So hatte die Politik in den letzten Monaten immer reagiert, wenn es keine Einigung von Parlament und Regierung gab. Es gab also erstmal keinen Grund zur Aufregung.

Viele flüchteten sich in die Hoffnung, auch diese Regierung würde bald abgewirtschaftet haben. So berichtet Freya von Moltke, die spätere Widerstandskämpferin im von ihr mitbegründeten Kreisauer Kreis: „Den 30. Januar 1933 habe ich in Berlin verbracht. Es war ein sozialdemokratischer Freund von uns zum Mittagessen, der sagte: ‚Regt euch doch nicht auf. Hitler muss an die Macht kommen wie alle Regierungen vorher. Er wird sich auch abwirtschaften, und dann ist er erledigt.'"

Und auch die *Deutsche Allgemeine Zeitung*, ein eher rechtes Blatt, das schon länger für eine Beteiligung der Nationalsozialisten an der Regierung geworben hatte, schrieb nun: „Obwohl in der DAZ seit Jahren dieser Versuch mit allen Bedenken, die er hat, empfohlen wurde, können wir uns unmöglich in einen Rausch der Begeisterung versetzen. Aber wir halten die Ernennung Hitlers unter den gegebenen Umständen für richtig. Der nationalsozialistische Führer wird uns nun zu zeigen haben, ob er das Zeug zum Staatsmann besitzt."

Nur den expliziten Gegnern der Nationalsozialisten schwante, was da kommen würde: „Hitler ist Reichskanzler. Noch einmal ist das verhängnisvollste Bündnis zustande gekommen, das Gustav Freytag die größte deutsche Gefahr nennt: das Bündnis zwischen dem Adel und dem Pöbel“, schrieb der sozialdemokratische Journalist Jochen Klepper in sein Tagebuch. Und die jüdische Ärztin Hertha Nathorff schrieb auf, was sie in ihrer Sprechstunde hörte: „Einig sind sich alle in den Worten: ‚Nun wird es anders.' Ich aber, feinhörig wie ich bin, ich höre, wie sie an ihn glauben, glauben wollen, bereit, ihm zu dienen, und mir ist, als hörte ich ein Blatt der Weltgeschichte umwenden, ein Blatt in einem Buche, dessen folgende Seiten mit wüstem und wirrem, unheilvollem Gekritzel beschrieben sein werden.“

Nur Wenige sahen so deutlich und am Schluss des Textes ironisch voraus, was kommen würde, wie Theodor Wolff, der große liberale Publizist und Chefredakteur des *Berliner Tageblatts*: „Es ist erreicht. Hitler ist Reichskanzler, Papen Vizekanzler, Hugenberg Wirtschaftsdiktator, die Posten sind so, wie es die Herren der ‚Harzburger Front' erstrebt hatten, verteilt. (...) Und inzwischen? – ja, inzwischen wird, auch ohne offenen Staatsstreich, gewiß alles irgend Mögliche unternommen werden, um die Gegner einzuschüchtern und mundtot zu machen, die SS und die SA zu befriedigen und den Getreuesten, die so lange auf diesen Tag gewartet haben, die verdiente Belohnung zu verleihen. (...) Herr Göring wird in Preußen der Polizei den richtigen Geist beibringen ... Das Verbot der Kommunistischen Partei steht längst auf dem Programm. (...) Um die Pressefreiheit, von der die Nationalsozialisten immer so kräftig Gebrauch gemacht haben, dürfte es wohl besonders übel stehen. Eine angenehme Zukunft breitet sich vor denjenigen aus, die leider nicht in der Lage sind, sich so zu äußern, wie es dem neuen Regime gefällt.“

Doch solche Vorahnungen und Warnungen blieben eher vereinzelt. Selbst die SPD mahnte ihre Mitglieder zur Besonnenheit. Einen Generalstreik, wie ihn die Kommunisten sofort nach Bekanntwerden der Nachricht ausriefen, lehnten sie in der derzeitigen wirtschaftlichen Situation ab. Was blieb auch anders übrig? Der neue Kanzler war ja formal ganz legal in sein Amt befördert worden und verfügte sogar über Rückhalt im Parlament. Die ganz normalen Menschen auf der Straße – sofern sie nicht ausdrückliche Hitler-Anhänger oder -Gegner waren – empfanden diesen Tag also wohl nicht unbedingt als Wendepunkt.

IN DER RÜCKSCHAU

Erst in der Rückschau wird die entscheidende Bedeutung dieses Tages erkennbar. Kein Tag hat sich derart verhängnisvoll auf die neuere deutsche, europäische und die Weltgeschichte ausgewirkt wie dieser. An diesem Tag legte Reichspräsident Paul von Hindenburg Deutschland in die Hand seines größten Zerstörers. Als hätte er einen ausgefeilten Plan dafür gehabt, räumte Hitler von diesem Zeitpunkt an in kürzester Zeit alles, was seiner absoluten Macht entgegenstand, aus dem Weg. Mit ungeahnter Energie nahm er die Macht in Besitz. Mit unglaublichem taktischen Geschick zerschlug er alle verbliebenen Reste der Weimarer Demokratie. Mit unbändiger Härte entmachtete, verfolgte, exilierte und tötete er seine Gegner.

Für die unpolitische Bevölkerung sah die Regierungszeit Hitlers zunächst aus wie ein Erfolgsmodell: Die Arbeitslosigkeit sank in unerwartetem Tempo – 1936 hatte Deutschland Vollbeschäftigung erreicht. Der Terror auf den Straßen ging zurück. Die Straßenschlachten der Nationalsozialisten mit den Kommunisten waren aufgrund der Verfolgungen bald passé. Mit einer Mischung aus Taktik und dauernder Bedrohung und auch auf der Basis der Vorarbeit seiner Vorgänger gelang es Adolf Hitler, Deutschland wieder zu einer Größe in Europa zu machen. Viele übersahen, welche Opfer diese Erfolge bereits bis 1939 forderten und dass sie auf einem gefährlichen Fundament gegründet waren. Danach führte Hitler Deutschland und die Welt in einen Krieg noch nie dagewesenen Ausmaßes. Die Folgen betreffen Deutschland und die Welt noch heute. Bis zum heutigen Tag wirkt nach, was an diesem 30. Januar 1933 geschah.

„Das ganze Deutschland soll es sein": Postkarte (um 1933). Hindenburg vor der Fahne des Kaiserreiches und Hitler vor der Hakenkreuzfahne sollen den nationalen Zusammenschluss demonstrieren.

Ein symbolischer Wendepunkt

Doch genau genommen ist der 30. Januar nur ein, wenn auch markanter, Meilenstein einer langen unheilvollen Entwicklung. Es mussten im Vorlauf eine Vielzahl von Faktoren zusammenkommen, damit es so weit kommen konnte: Grundvoraussetzung des Aufstiegs der Nationalsozialisten war der extreme wirtschaftliche Zusammenbruch der Weltwirtschaftskrise, der das gerade aufkeimende Einverständnis der Menschen mit der Weimarer Republik wieder grundlegend in Frage stellte. Bedeutend war aber auch der Legitimationsverlust der Weimarer Republik durch das kontinuierliche Schwinden der demokratischen Mitte und die Stärkung der extremen Linken und Rechten, die die Republik zerstören wollten. Es fanden sich nur noch wenige, die engagiert für das Fortbestehen der Weimarer Republik eintraten. Wichtig war darüber hinaus noch der Entschluss der alten Eliten, die parlamentarisch-demokratischen Strukturen mit einer autoritären Wende willentlich zu zerstören. Die Einsetzung von Präsidialkabinetten seit 1930 war nur der erste Schritt zu einem neuen konservativ-autoritären Staat. Und Voraussetzung für den 30. Januar 1933 war schließlich das Aufkommen der nationalsozialistischen Massenbewegung Hitlers, die die Ängste und Wünsche rund eines Drittels der Bevölkerung artikulierte. Sie hatte Ende 1932 ihr Potential bereits weitgehend ausgeschöpft – der Stern der Protestbewegung war bereits am Sinken. Allein das Bündnis mit den konservativ-autoritären Eliten brachte sie schließlich am 30. Januar doch noch an die Macht.

Und auch in der Folge dieses Tages mussten viele Faktoren zusammenkommen, damit er in der Rückschau von einem Tag der Machtübertragung an Hitler zu einem „Tag der Machtergreifung“ überhöht werden konnte. Nötig waren dafür die tatsächliche „Machtergreifung“ der folgenden Wochen und Monate mit Terror und Gleichschaltung; der Terror und die Ausschaltung der politischen Gegner – Sozialdemokraten, Kommunisten, Juden und widerständige Demokraten – durch Verhaftungen, Folter, Ermordung und Vertreibung; die einsetzende Verfolgung der Juden; die Zerschlagung der demokratischen Strukturen; Gleichschaltungen und Selbstgleichschaltungen von Organisationen und Einrichtungen der demokratischen Gesellschaft. Und es bedurfte der Etablierung eines neuen Grundkonsenses in der Gesellschaft, der Etablierung einer nationalen Aufbruchseuphorie, einer vermeintlichen „Volksgemeinschaft“, die dem bisherigen Krisengefühl etwas Neues, gefühlt „Positives“ entgegensetzte. Das half großen Teilen der Bevölkerung, den wachsenden Terror im Land in erstaunlichem Maße zu übersehen und zu verdrängen.

Nur sechs Jahre dauerte es, bis die neuen Herren ihr wahres Gesicht endgültig zeigten. Nur sechs Jahre, bis Hitler Deutschland in den verheerenden Zweiten Weltkrieg führte, der über 50 Millionen Menschen das Leben kostete und in dessen Schatten der Holocaust stattfand, ein bisher singuläres industrielles Morden, dem über sechs Millionen Juden zum Opfer fielen. Der 30. Januar 1933 ist der symbolische Wendepunkt, an dem diese Entwicklung ihren Anfang nahm.

KAPITEL 3:

Vom Postkartenmaler zum Kanzler der Weimarer Republik

Ungeliebte Republik, Republik ohne Republikaner, die Hypotheken von „Weimar" – nur ein paar Schlagworte, die sich mit Deutschlands erster Demokratie verbinden. Hatte die Weimarer Republik denn überhaupt eine Chance gegen ihre Gegner? Ja, sie hatte eine, wenn auch nur eine kleine. Geboren aus der Niederlage, hatte sie von Anfang an mit vielen Widrigkeiten zu kämpfen. In der Wirtschaftskrise zeigte sich, dass es zu wenige gab, die sie verteidigen wollten, und zu viele, die ihr Ende herbeisehnten.

DIE WEIMARER REPUBLIK UND IHRE BÜRDEN

Die Weimarer Republik, sie war eine Notgeburt. Erst die drohende Niederlage des Ersten Weltkriegs führte 1918 zur Demokratisierung Deutschlands. In den letzten beiden Kriegsjahren hatte die Oberste Heeresleitung unter Generalfeldmarschall Paul von Hindenburg und General Erich Ludendorff eine Art Militärregierung übernommen. Angesichts der absehbaren Niederlage wollten die Generäle jedoch nichts mehr mit ihrem Scheitern zu tun haben und versuchten, die Verantwortung hierfür abzuwälzen: Sie zwangen die erste parlamentarische deutsche Regierung unter Reichskanzler Max von Baden zur sofortigen Absendung eines Waffenstillstandsgesuchs an den amerikanischen Präsidenten Wilson. Kaum war das Angebot an die Alliierten Anfang Oktober abgeschickt, versuchte die Oberste Heeresleitung hektisch, ihre Beteiligung daran zu vertuschen.

Die Legende vom „Dolchstoß“

Die deutsche Öffentlichkeit traf diese Nachricht völlig unvorbereitet. Die Truppen standen ja noch tief im Feindesland. Kurz vorher hatte die Propaganda noch die Erfolge der Frühjahrsoffensive gefeiert. Sie schien die letzte Anstrengung vor dem Sieg. Und nun dies. Das konnte nach Meinung vieler Deutscher nicht mit rechten Dingen zugegangen sein. So lag es nahe, die Schuld nicht der militärischen Führung, sondern der „Heimatfront“ anzulasten, die angeblich dem Heer in den Rücken gefallen war. Sprachrohr dieser Ideen wurde bald nach der Revolution im November 1918 Paul von Hindenburg. Ungeniert verdrehte er in einer Rede vom „Dolchstoß von hinten“ die Tatsachen, um die Oberste Heeresleitung zu entlasten.

Die Dolchstoßlegende, die die Schuld für die Kriegsniederlage der angeblichen Wühlarbeit der Gegner in der Heimat anlastete, entfaltete in der Weimarer Republik eine zerstörerische Wirkung. Alle negativen Folgen der Kriegsniederlage wurden nun den Demokraten in die Schuhe geschoben – eine Sichtweise, angestoßen und bezeugt von Paul von Hindenburg, der sich damit seiner eigenen Schuld vornehm entledigte.

Hindenburg – ein Mann prägt ein halbes Jahrhundert

Paul von Hindenburg ist eine Schicksalsfigur für Deutschland. Sieger der Schlacht von Tannenberg, Kopf der Obersten Heeresleitung im Ersten Weltkrieg, Mitinitiator des Waffenstillstandsangebots an die Alliierten, Verursacher der Abdankung des Kaisers, Schöpfer der Dolchstoßlegende, Reichspräsident der ungeliebten Republik, Kanzlermacher Hitlers, Unterschreibender des Ermächtigungsgesetzes. Kaum ein anderer hatte bei den wichtigen Ereignissen der Zeit von 1914 bis 1934 in Deutschland immer wieder so viel Einfluss wie Paul von Hindenburg.

Paul Ludwig Hans Anton von Beneckendorff und von Hindenburg, wie er mit vollem Namen hieß, entstammte väterlicherseits einem alten ostpreußischen Adelsgeschlecht. 1847 als Sohn eines preußischen Offiziers in Posen geboren, beschritt Hindenburg ebenfalls die militärische Laufbahn. Schon da erlebte er wichtige

„Wählt deutschnational!" Wahlplakat der Deutschnationalen Volkspartei (DNVP) zu den Reichstagswahlen am 7. Dezember 1924 mit einer gestalterischen Darstellung.

Stationen deutscher Geschichte mit: Als Leutnant nahm er 1866 an der Schlacht bei Königgrätz teil und 1870/71 kämpfte er im Deutsch-Französischen Krieg. Am 18. Januar 1871 repräsentierte er sein Garderegiment bei der Kaiserproklamation im Spiegelsaal des Schlosses von Versailles. 1888 war er ausgewählt worden, beim aufgebahrten Leichnam des verstorbenen Kaisers Wilhelm I. Totenwache zu halten. 1911 wurde er in den Ruhestand verabschiedet. Die wichtigsten Stationen seines Lebens lagen da noch vor ihm.

Zu Beginn des Ersten Weltkriegs wurde der 66-jährige Hindenburg reaktiviert. Zusammen mit Erich Ludendorff gelang ihm gleich am Anfang mit der Kesselschlacht von Tannenberg ein Sieg über die russische Armee. Das begründete seinen Mythos als „Held von Tannenberg". Auch die endgültige Vertreibung der Russen aus Ostpreußen blieb den Deutschen als Leistung Hindenburgs im Gedächtnis. Weitere Siege vermehrten seinen Ruhm, so dass die Übernahme der Obersten Heeresleitung durch Hindenburg und Ludendorff im August 1916 nur eine logische Konsequenz war.

Es gelang Paul von Hindenburg stets, Positives mit seinem Namen zu verknüpfen. Negatives dagegen wie das Scheitern der März-Offensive von 1918, der fatale Beschluss zum uneingeschränkten U-Boot-Krieg, das Waffenstillstandsangebot an die Allliierten oder die von ihm ultimativ von der Reichsregierung geforderte Abdankung des Kaisers hielt er gern von seinem Namen fern. Geschickt und folgenschwer setzte er hierfür die Dolchstoßlegende in die Welt, die der „Heimatfront" die Verantwortung für die Niederlage im Ersten Weltkrieg zuschob. So gelang es ihm, trotz der verheerenden Niederlage, einer der populärsten Männer Deutschlands zu bleiben.

Kein Wunder, dass sich die rechten Parteien DNVP und DVP bei der Reichspräsidentenwahl 1925 auf ihn besannen. Doch Hindenburg war keineswegs begeistert, als ihn das Wahlkomitee aufsuchte. Er konnte sich nicht vorstellen, in der von ihm ungeliebten Republik eine politische Funktion zu übernehmen. Als Monarchist hoffte er auf die Rückkehr des Kaisers in ein wiedererstarktes Deutschland. Als man ihm schließlich die Billigung des im Exil lebenden Kaisers überbrachte, willigte er ein, sich als Kandidat aufstellen zu lassen.

War seine Wahl nun ein Symbol für die untergehende Republik? Konnte ein preußischer Soldat, ein 78-jähriger Monarchist, ein guter Präsident sein für die junge demokratische Republik? Gegen manche Erwartungen bedeutete die Wahl Hindenburgs vorerst keine Katastrophe für die Weimarer Verfassung. Hindenburg schien anfänglich entschlossen, der Republik ein guter Präsident zu sein. Vielleicht hatte man seine „preußische" Einstellung zum Eid unterschätzt, oder aber in der Anekdote liegt ein Körnchen Wahrheit, derzufolge Hindenburg in kleinem Kreis nach seiner Wahl gesagt haben soll, er habe die Verfassung erst jetzt gelesen und fände sie gar nicht so schlecht ...

Jedenfalls hat Hindenburg in den ersten Jahren seiner Regierungszeit, anders als Friedrich Ebert, nicht vom Notverordnungsrecht nach Paragraph 48 Gebrauch gemacht. Zunächst installierte er Regierungen mit parlamentarischen Mehrheiten. Auch das System der nur ihm verantwortlichen Präsidialkabinette ohne Rückhalt im Parlament, das er mit Heinrich Brüning 1930 installierte, war kein Verstoß gegen den Wortlaut der Verfassung.

Gleichwohl entsprach diese neue Regierungsform natürlich nicht dem Geist der Verfassung und zeigt die unter dem Eindruck der Wirtschaftskrise und der verstärkten Lähmung des Parlaments wachsende Absicht Hindenburgs, eine antimarxistische und antiparlamentarische Regierung einzusetzen. Im Grunde waren ihm die parlamentarische Demokratie mit ihrem Zwang zur Kompromissfindung im politischen Wettbewerb und insbesondere die Sozialdemokraten an der Regierung eben doch immer fremd geblieben.

Als dann 1932 in Deutschland die Krise kulminierte, erschien ihm eine autoritäre Regierungsform die beste Antwort. Früher herrschte die Auffassung vor, der greise Reichspräsident sei dabei den Einflüsterungen einer rechtsorientierten „Kamarilla" erlegen, die den alten Herrn im Sinne von Bürokratie, Reichswehr und Landwirtschaft beeinflusst habe. Vor allem drei Personen hatten starken Einfluss auf Hindenburg: Otto Meissner, der wandlungsfähige und staatsrechtlich erfahrene Staatssekretär des Büros des Reichspräsidenten, der vor ihm bereits Friedrich Ebert und nach ihm Adolf Hitler willig diente. Des Weiteren Sohn Oskar von Hindenburg als sein Adjutant. Viel zitiert ist Kurt Tucholskys Bonmot vom „von der Verfassung nicht vorgesehenen Sohn des Reichspräsidenten". Er vertrat vor allem die Interessen wirtschaftlicher Gruppen und der Reichswehr. Eine wichtige Stellung nahm schließlich auch Kurt von Schleicher ein. In dessen Urteil hatte Hindenburg lange Zeit volles Vertrauen. Erst als Schleicher selbst seine Chance als Reichskanzler bekam, fand dies ein abruptes Ende. Schleicher war es auch, der Hindenburg den eher unbekannten Franz von Papen als Reichskanzler empfohlen hatte. In kurzer Zeit avancierte dieser zu Hindenburgs Favoriten, seinem „Fränzchen". Diesem gelang es schließlich, Hindenburg von einer Ernennung Hitlers als Reichskanzler zu überzeugen.

Neuere Hindenburg-Biographen jedoch betonen vielmehr, dass Hindenburg seine Entscheidungen durchaus auch noch zu dieser Zeit völlig eigenständig getroffen habe. Keineswegs sei er den Einflüsterungen seiner Berater erlegen. Er habe diese angehört, entschieden habe er jedoch selbst.

Als Hindenburg schließlich im Januar 1933 Hitler zum Reichskanzler machte, gab er diesem den Schlüssel zur Diktatur in die Hand. Geschickt wusste Hitler Hindenburg in den neuen Staat einzubinden und sein hohes Ansehen für das neue Regime zu instrumentalisieren. Die gemeinsame Huldigung der SA-Männer und des Stahlhelms beim Fackelzug des 30. Januar 1933, die symbolträchtige Verbindung von Kaiserzeit und dem Dritten Reich am Tag von Potsdam am 5. März 1933 wie auch die nationale Begeisterung im Frühjahr 1933 waren ganz nach Hindenburgs Geschmack, der sich so lange nach einer Einigung der deutschen Nation und einem wiedererstarkenden Deutschland gesehnt hatte. Gerne gab er die Pflicht des Regierens an den Mann ab, der diese Ziele in seinem Sinne zu verfolgen schien. Über die Begleiterscheinungen sah er hinweg.

Nach der Unterzeichnung des Ermächtigungsgesetzes am 24. März 1933, das Hitler alle Macht in die Hand gab, zog sich Hindenburg aus dem politischen Tagesgeschäft zurück. Er verfiel zunehmend geistig und körperlich. Am 2. August 1934 starb der 86-jährige Hindenburg auf Gut Neudeck. Sein Tod markiert den Abschluss von Hitlers „Machtergreifung", denn nun war auch das letzte mögliche Gegengewicht zu dessen Diktatur nicht mehr da.

Gleich zu Beginn der Weimarer Republik hatte Hindenburg damit einen ihrer Sargnägel eingeschlagen. Konservative und nationalistische Kreise wie auch später die Nationalsozialisten nutzten die auf Hindenburgs Autorität gestützte „Dolchstoßlegende" zur hasserfüllten Agitation gegen die Demokratie, die junge Republik und ihre Repräsentanten. Da die demokratischen Politiker und linken Revolutionäre ihrer Propaganda nach die Deutschen um den Sieg gebracht hatten, seien sie auch Schuld am „Schandvertrag" von Versailles. Schnell hatte man eine hässliche Bezeichnung für sie an der Hand: Durch den Verrat

„Der Eiserne Hindenburg zu Berlin": Denkmal für Paul von Hindenburg (1847–1934) auf dem Königsplatz, Berlin-Tiergarten. Ausgeführt von Georg Marschall. Fotopostkarte, um 1915.

der „Novemberverbrecher" sei die Niederlage Deutschlands verschuldet. Die Männer, die im Schicksalsmoment der Kriegsniederlage das Steuer in die Hand genommen und eine Politik liquidiert hatten, die sie im Wesentlichen nicht selbst zu verantworten hatten, wurden als „Erfüllungspolitiker" beschimpft und später sogar verfolgt und ermordet wie unter anderem Matthias Erzberger oder Walther Rathenau.

Die „Schmach" von Versailles

Die Bearbeitung der Kriegsfolgen übernahmen nun die Führer der „Weimarer Koalition", gebildet aus der Mehrheits-SPD unter Friedrich Ebert und Philipp Scheidemann, der neugegründeten, aus der Fortschrittspartei hervorgegangenen linksliberalen DDP und dem Zentrum mit Matthias Erzberger als Führungsfigur. Diese Koalition stand bis zum Ende der Weimarer Republik für eine parlamentarisch-demokratische Regierungsform. Ihre Mehrheit schrumpfte allerdings fortwährend zusammen. Die Vertreter der Weimarer Koalition mussten als Repräsentanten Deutschlands am 28. Juni 1919 den Friedensvertrag von Versailles unterschreiben. Dieser stellt eine weitere schwere Hypothek der Weimarer Republik dar.

Die Bedingungen des Vertrags waren hart. Die Gebietsabtretungen, vor allem der Verlust Posens und Westpreußens, waren schmerzhaft. Die Beschränkung des Heeres auf 100 000 Mann, das Verbot der allgemeinen Wehrpflicht, moderner und schwerer Waffen wie U-Boote, Panzer, Schlachtschiffe sowie des Wiederaufbaus von Luftstreitkräften schalteten das Deutsche Reich als Militärmacht aus. Die über Jahrzehnte zu zahlenden Reparationen in Geld- und Sachleistungen in bei der Unterzeichnung des Vertrags noch nicht festgelegter Höhe waren eine kaum zu schulternde Last für Deutschland. Für die Deutschen, die auf Friedensbedingungen gehofft hatten, die sich an den maßvollen Friedensschlüssen des 19. Jahrhunderts und an Wilsons moderaten „14 Punkten" orientierten, wirkten diese Bedingungen niederschmetternd. Gemessen an den radikalen deutschen Kriegszielen und dem erzwungenen Frieden von Brest-Litowsk war der Versailler Vertrag jedoch eher milde. Es hätte unter den gegebenen Bedingungen auch zu einer endgültigen Zerschlagung Deutschlands kommen können – was unter anderem in Frankreich gefordert worden war.

Seine besondere Wirkung entfaltete der Vertrag auf der psychologischen Ebene. Der Kriegsschuldartikel 231, der das Deutsche Reich mit seinen Verbündeten zum Urheber des Kriegs erklärte und dieses deshalb für alle angerichteten Schäden juristisch haftbar machte, hatte auch den Charakter eines moralischen Schuldspruchs. Dass die Unterzeichnung des Vertrags ultimativ ohne weitere Diskussion erfolgen musste, verstärkte das Gefühl der Ohnmacht und der Demütigung. Innenpolitisch blieb die Revision des „Schandvertrags von Versailles" durch die gesamte Weimarer Republik für alle politischen Parteien auf der Agenda – die Agitation gegen den Vertrag nutzten die Gegner der Weimarer Koalition weidlich für ihre Zwecke.

Eine Verfassung mit Tücken und Lücken

Auch die von der Nationalversammlung im Laufe des Jahres 1919 ausgearbeitete erste demokratische Verfassung trug mit ihren strukturellen Schwächen dazu bei, dass sich die Weimarer Republik selbst in ihren besseren Jahren nicht wirklich festigen konnte. Aus dem Verhältniswahlrecht und einer fehlenden Sperrklausel folgte eine Zersplitterung der Parteienlandschaft, die Koalitionsbildungen schwermachte und ständig wechselnde, instabile Koalitionen hervorbrachte. Anders als mit dem konstruktiven Misstrauensvotum unserer Tage, das die parlamentarische Opposition zur Bildung einer neuen tragfähigen Mehrheit und der gleichzeitigen Bestimmung einer neuen Regierung zwingt, bevor sie eine aktive Regierung ausschalten kann, ermöglichte die Weimarer Verfassung auch, dass eine Regierung per Misstrauensvotum entlassen werden konnte, ohne dass sich eine Mehrheit für eine neue Regierung zusammenfand. Dies führte vor allem in den letzten Jahren der Weimarer Republik zu Zeiten der Präsidialkabinette zu einer selbstverursachten Lähmung des Parlaments.

Der Schwäche des Parlament stand eine andere Kraft gegenüber: Eine beträchtliche Machtfülle machte den direkt vom Volk gewählten und damit von der Parlamentsmehrheit unabhängigen Reichspräsidenten zu einer Art „Ersatzkaiser". Er berief und entließ die Reichsregierung, konnte den Reichstag auflösen und durch die Anordnung von Volksentscheiden in das Gesetzgebungsverfahren eingreifen.

Und schließlich erhielt er mit dem Notverordnungsparagraphen 48, kombiniert mit dem Artikel 25, der ihm die Auflösung des Reichstags erlaubte, einen Schlüssel für die Ausschaltung des Parlaments, der in falschen Händen regelrechte Sprengkraft entfalten konnte. In einem unspezifizierten Notstand, wenn „die öffentliche Sicherheit und Ordnung gestört oder gefährdet war", erhielt der Reichspräsident die Vollmacht, ohne Mitwirkung des Reichstags Gesetze zu erlassen. Notfalls durfte er sogar die Grundrechte außer Kraft setzen. Schon in den Notstandsphasen am Anfang der Republik unter Reichspräsident Ebert wurde der Paragraph immer wieder angewandt. Doch als mit Paul von Hindenburg ein konservativ-autoritärer ehemaliger General auf dem Präsidentenstuhl Platz nahm, dem der Parlamentarismus von jeher fremd war, konnte der Notverordnungsparagraph zum Werkzeug werden, mit dem sich die Verfassung problemlos aushebeln ließ.

Warum entwickelten die Verfassungsväter und -mütter in Weimar ein solches Instrument, das in Notzeiten dem Parlament das Heft des Handelns aus der Hand nahm? Vielleicht waren sie nach der langen obrigkeitlichen Politikkultur in Deutschland selbst noch nicht restlos von der Parlamentssouveränität überzeugt. Man fürchtete einen Parlamentsabsolutismus und man wollte diesem ein Gegengewicht entgegensetzen. Die Zersplitterung der unterschiedlichen Interessen und der politische Meinungskampf der Parteien erschienen als Gefährdung der „nationalen Gemeinschaft". Die Notwendigkeit des Kompromisses als Ergebnis demokratischen Streits entbehrte noch der Akzeptanz. Als Ende der 1920er Jahre die parlamentarische Mitte schwand, zeigte dies Folgen: Man ließ lieber die Präsidenten mit Notverordnungen regieren und leistete so dem schleichenden Verfassungswandel Vorschub, als dass man das Wahlvolk von der Bedeutung der parlamentarischen Mehrheitsfindung zu überzeugen versuchte. Somit war wohl eine der schwersten Hypotheken Weimars weniger der Buchstabe der Verfassung als vielmehr der Mangel an Durchsetzungskraft und Überzeugung der Parlamentarier selbst.

Darüber hinaus hatte man bei der Erarbeitung der Verfassung nicht bedacht, dass die Freiheit, die sie garantierte, auch missbraucht werden könnte. Die politische Willensbildung sollte nach rein demokratischen Spielregeln verlaufen. Doch die Verfassungsväter hatten es versäumt, die politischen Parteien auf die Verfassung zu verpflichten. Dieses Versäumnis gab den zahlreichen Gegnern freie Hand, die ungeliebte Republik schamlos zu bekämpfen. So konnte Adolf Hitler 1930 vor dem Reichsgericht offen bekennen, dass er nach der „Machtergreifung" Staat und Verfassungsordnung in nationalsozialistischem Sinne verändern wolle. Für die Richter war nur die juristische Frage von Interesse, ob der Weg zur Macht legal erfolgen würde. Eine Verpflichtung der Parteien auf Verfassungstreue gab es nicht, und so war die Republik fortwährend von ihren Gegnern am linken wie auch am rechten Rand bedroht.

Die Reichswehr steht rechts

Der Kapp-Lüttwitz-Putsch im März 1920, der Deutschland an den Rande eines Bürgerkriegs brachte, legte eine weitere schwere Bürde offen, die die Weimarer Republik von Anfang an zu tragen hatte: Teile der Reichswehr mussten gemäß dem Versailler Vertrag von der deutschen Regierung entwaffnet werden. Rechte Freikorpsführer und etliche Reichswehrkommandeure wollten dies nicht hinnehmen. Als die Reichsregierung deren ultimative Forderungen abschlug, marschierten meuternde Truppen unter Führung des Reichswehrgenerals Walther Freiherr von Lüttwitz und des deutschnationalen Wolfgang Kapp, Generallandschaftsdirektor in Königsberg, nach Berlin und proklamierten Kapp zum Reichskanzler. Die Regierung wollte die Reichswehr einsetzen, doch deren Führung unter General Hans von

„Kapp-Putsch": Malerische Darstellung des Kapp-Putsch (Kapp-Lüttwitz-Putsch), 13.–17. März 1920. Gemälde (wohl irrtümlich 1919 dat.) von Else Hertzer (1884–1978).

Seeckt wehrte sich dagegen, den Aufstand militärisch niederschlagen zu lassen. Seeckt: „Reichswehr schießt nicht auf Reichswehr." Reichspräsident und Regierung mussten daraufhin nach Stuttgart fliehen. Nur durch einen von der Gewerkschaft ausgerufenen Generalstreik – den größten in der deutschen Geschichte – konnte der Putsch beendet werden.

Der Kapp-Lüttwitz-Putsch offenbart das negative Verhältnis der Reichswehr zur Weimarer Republik. Zur Niederschlagung linker Aufstände unterstützte sie die Regierung immer wieder, doch als es um die Bedrohung von rechts ging, rührte sie keinen Finger. Bis zum Ende fand die Reichswehr als „Staat im Staate" kein positives Verhältnis zur Weimarer Republik.

DER AUFSTIEG HITLERS UND DER NSDAP

Ohne diese Hypotheken, mit denen die neue deutsche Republik von Anfang an belastet war, lässt sich der Aufstieg der nationalsozialistischen Bewegung unter Adolf Hitler nicht erklären. Die Krisengeschichte der Republik und die Erfolgsgeschichte des Nationalsozialismus sind eng miteinander verwoben. Der in Wien und München gescheiterte Kunstmaler Adolf Hitler hatte bei Ausbruch des Ersten Weltkriegs endlich eine Aufgabe als Soldat und in seinem Regiment eine Art Heimat gefunden. Die Niederlage 1918 traf ihn, wie die meisten Deutschen, völlig unvorbereitet. Der Vertrag von Versailles erfüllte ihn mit ohnmächtiger Wut. Als Gründe für Deutschlands Unglück machte er, wie viele Deutsche, die parlamentarische Demokratie, die Überheblichkeit der Siegermächte, die Agitation der Linken und die „Umtriebe der Juden" aus.

Hitlers Frühzeit – ein zielloser Vagabund wird Politiker

Nichts deutete in Adolf Hitlers frühen Jahren auf seine spätere Rolle hin. Ohne Schulabschluss, ohne Berufsausbildung, ohne besondere persönliche Bindungen, vorübergehend sogar ohne Wohnsitz, nahm sein Leben in den ersten 30 Jahren zunächst den Lauf eines ziel- und erfolglosen, ungesicherten Vagabunden.

Geboren wurde Adolf Hitler am 20. April 1889 in Braunau am Inn als Sohn eines Zollbeamten und dessen dritter Frau Klara Pölzl. Nach mehreren Umzügen landete die Familie in Leonding bei Linz. Wegen Lernunwilligkeit und schlechter Noten musste Adolf Hitler die Realschule als 16-Jähriger verlassen. Später stellte Hitler dies als Widerstand gegen den Vater dar, der ihn auch mit massiven Prügelstrafen in eine Beamtenlaufbahn zwängen wollte. Er selbst verstand sich dagegen als Künstler und wollte Kunstmaler werden.

Um dieses Ziel zu erreichen, bewarb er sich zweimal an der Wiener Kunstakademie, wurde aber beide Male abgelehnt. Dennoch blieb er in Wien und führte zunächst hier, später dann in München von seinem 18. bis zu seinem 25. Lebensjahr ein Vagabundenleben. Er lebte von seiner Waisenrente – Vater und Mutter waren inzwischen verstorben – und vom gelegentlichen Verkauf von gemalten und gezeichneten Ansichtskarten von Wiener Sehenswürdigkeiten. Dies reichte aber kaum zum Leben, so dass Hitler immer wieder umziehen musste und zeitweise wohl sogar in einem Obdachlosenasyl unterkam.

In dieser Zeit las er nach eigenen Angaben viel und kam so wahrscheinlich mit den Ideen von radikalen Rechten und Antisemiten in Kontakt. Als er 1913 das Erbe seines Vaters erhielt, zog er nach München.

Der Beginn des Ersten Weltkriegs gab seinem Leben eine neue Richtung. Wie viele Deutsche und Österreicher meldete sich auch Adolf Hitler im August 1914 als Kriegsfreiwilliger bei der Armee. Es folgten vier Jahre Dienst an der Front, wo er zunächst zum Gefreiten befördert und im Dezember 1914 mit dem Eisernen Kreuz II. Klasse ausgezeichnet wurde. Als Ordonnanz und Meldegänger war er zumeist hinter der Hauptkampflinie eingesetzt. Bei der Schlacht an der Somme wurde Hitler im Oktober 1916 durch eine Granatenexplosion am Oberschenkel verwundet. Wieder an der Front, erhielt Hitler wegen Tapferkeit auch das Eiserne Kreuz I. Klasse, dennoch kam er über den Rang eines Gefreiten nie heraus.

Das Kriegsende erlebte er in einem Lazarett in Pasewalk, in das er nach einem Senfgasangriff in Flandern eingeliefert worden war. Ohne Berufspläne und -aussichten versuchte er nun, so lange wie möglich bei der Reichswehr zu bleiben. Dies gelang ihm zunächst als Vertrauensmann seines Regiments, dem unter anderem auch die Zusammenarbeit mit den sozialistischen Soldatenräten oblag. Dann wurde er in die Propagandaabteilung aufgenommen, die die nationale und „antibolschewistische" Beeinflussung der Soldaten zum Ziel hatte.

In dieser Funktion hielt er erste Vorträge und Reden vor Soldaten. In Kürze entwickelte er sich zum überragenden Redner. Darüber hinaus setzte ihn seine Abteilung als Spitzel zur Beobachtung neugegründeter Parteien und Gruppierungen in München ein.

Am 12. September 1919 nahm Hitler in dieser Funktion an einer Versammlung der Deutschen Arbeiterpartei teil, wo er dem Parteivorsitzenden Anton Drexler sofort wegen seiner Redegewandtheit auffiel. In den folgenden Wochen gelang es Drexler, Hitler für seine Partei zu gewinnen. Er öffnete Hitler damit die Tür in dessen „zweites Leben" als Politiker, Parteiführer, Reichskanzler, „Führer".

Eine Möglichkeit politischer Betätigung fand er in der neugegründeten „Deutschen Arbeiterpartei“ (DAP), die ihn im September 1919 sogleich in ihren Führungsausschuss aufnahm. Als Werbeobmann der Partei war er vor allem zuständig für die Gewinnung neuer Mitglieder, worin er durchaus erfolgreich war. Schnell begann er, die Partei in seinem Sinne zu formen: So veranlasste er die Umbenennung in „Nationalsozialistische Deutsche Arbeiterpartei“ (NSDAP), entmachtete im Juli 1921 die Parteispitze und ließ sich zum Vorsitzenden wählen. Von österreichischen Gesinnungsgenossen entlehnte er das Hakenkreuz als Symbol, von den Kommunisten das Rot der Fahne und auch die Kampftechnik – die gefürchtete „Sturmabteilung“ (SA) der Partei war eine gewaltbereite Schlägertruppe, die bei Parteiveranstaltungen die Gegner einschüchterte.

Die Kampfgefährten und Bewunderer, die sich in dieser Frühzeit um Hitler versammelten, übernahmen später noch wichtige Funktionen: Der ehemalige Offizier Rudolf Heß gehörte ebenso dazu wie der letzte Kommandeur der Kampffliegerstaffel „Richthofen“, Hermann Göring. Julius Streicher, der seit 1919 in Franken agitierte, führte ihm die „Deutschen Sozialisten“ zu. Und der ehemalige Offizier Ernst Röhm war entscheidender Treiber beim Aufbau der SA. Mit Hilfe dieser Männer und dank der Finanzspritzen aus Münchner „besseren Kreisen“, vor allem national-konservative Unternehmer und Industrielle, gewann die Partei bald an Schlagkraft und trat immer selbstbewusster auf. Offen rief Adolf Hitler zum Sturz der Regierung auf.

Am 8. November 1923 unternahm Hitler mit Gesinnungsgenossen den „Marsch zur Feldherrnhalle“ in München nach dem Vorbild von Benito Mussolinis Marsch auf Rom – und scheiterte damit kläglich. Bei der Niederschlagung wurden vier Polizisten und ein Passant getötet; 16 Putschisten wurden erschossen. Adolf Hitler, der geflüchtet war und sich versteckt hielt, wurde einige Tage später verhaftet. Seine Karriere als Politiker schien beendet. Doch bei dem folgenden Hochverratsprozess vor dem Bayerischen Volksgericht, der im Februar 1924 begann, konnte sich Hitler dank wohlwollender Richter reichlich zu

Hitler-Putsch am 9. November: Gruppenbild (Putschisten und Bayerische Landespolizei), München Feldherrnhalle (Odeonsplatz).

seinen Gunsten inszenieren. Die recht milde ausfallende Festungshaft, von der er nur neun Monate tatsächlich absitzen musste, nutzte er, um seine politischen Ansichten in die Kampfschrift *Mein Kampf* zu gießen. 1925 erschien der erste Band.

Hitlers Weltanschauung – gezimmert aus Versatzstücken

Die nationalsozialistische Weltanschauung gab dem Dritten Reich sein ideologisches Fundament. Hitler wollte mit ihr ein geschlossenes System der Welt- und Politikerklärung vorgeben. Damit die Ideologie große Breitenwirkung erreichen konnte, musste sie sich gängiger Thesen bedienen, diese griffig und populistisch formulieren, am besten einfache Antworten liefern und Sündenböcke für kollektive Frustrationen bieten.

Bei der Formulierung der NS-Ideologie hat Adolf Hitler denn auch nichts Neues erfunden, er bediente sich stattdessen aus Versatzstücken zu seiner Zeit verbreiteter Ideen und Ideologien. Sein Weltbild setzt sich dabei vor allem aus völkischen, antisemitischen, rassenbiologischen, sozialdarwinistischen, nationalen, imperialistischen, antidemokratischen und antimarxistischen Ingredienzien zusammen.

Zwei Ideenlinien bilden die Eckpunkte der Ideologie: Der radikale Rassenantisemitismus und die Vorstellung vom Kampf der Völker um Lebensraum. Zusammen ergaben sie die Idee, jedes Volk kämpfe um seinen Lebensraum und dieser Kampf könne nur dann siegreich verlaufen, wenn die „Rassereinheit" gewahrt bliebe oder wiederhergestellt würde.

Ihre ideologischen Wurzeln hat diese Weltanschauung unter anderem in den Theorien der Rassentheoretiker Arthur de Gobineau (1816–1882) und Houston Stewart Chamberlain (1855–1927), die sich mit biologistischen Denkmustern verbanden, wie sie Charles Darwin für die Tierwelt entwickelt hatte. Besondere Sprengkraft fanden diese Theorien, wenn sie sich mit dem Antisemitismus verbanden und die „Degeneration der Rassen" mit der angeblichen „jüdischen Zersetzung" begründeten. So wurde von Theoretikern wie Eugen Dühring, Wilhelm Marr oder Houston Stewart Chamberlain schon vor Hitler die Vernichtung der Juden gefordert, um die Reinheit und Herrschaft der „Arier" zu sichern. Dies nahm Hitler in seine Vorstellungswelt auf.

Darüber hinaus prägte auch imperialistisches Gedankengut wie der in diesem Zusammenhang entstandene Kolonialgedanke Hitlers Ideen. Doch statt nach Afrika oder Übersee wendete er das deutsche Interesse nach Osten.

Der Antisemitismus bildete schließlich den Kern der nationalsozialistischen Weltanschauung. Alle Phänomene der Moderne, die die Menschen beunruhigten und verunsicherten, wurden auf die Juden zurückgeführt. Sie wurden für Internationalismus, Pazifismus und die verhasste Demokratie verantwortlich gemacht. Seine schlimmste Form fand diese Agitation der Juden nach Meinung Hitlers in der Entwicklung des Marxismus und Kommunismus – oder, wie er es nannte, den „jüdischen Bolschewismus" –, denen er den radikalen Kampf ansagte.

Als „positives" Gegenbild setzte Hitler in der NS-Ideologie den völkischen Nationalismus und die nationale Volksgemeinschaft. Diese sollte nach dem Führerprinzip – eine Gruppe von Menschen ordnet sich uneingeschränkt einem Führer unter – organisiert sein, das ein extremes Gegenmodell zu liberalen und demokratischen Prinzipien darstellte. Letztlich lief alles auf ihn selbst als obersten „Führer" hin, der die Eckpunkte der Ideologie setzte und interpretierte.

Diese nationalsozialistische Weltanschauung wurde von Adolf Hitler in seiner Kampfschrift *Mein Kampf* weitschweifig und ausufernd, jedoch auch vage genug formuliert, um sie an die jeweilige politische Konstellation anpassen zu können. Die NS-Ideologie ist also alles andere als ein ausgefeiltes Regierungsprogramm, das Schritt für Schritt umgesetzt wurde. Sie lässt bewusst Interpretationsspielräume, die Hitler nicht in seinem Handlungsspielraum einschränkten. Gleichwohl enthält sie bereits all das, was später zu den Katastrophen des Zweiten Weltkriegs und des Holocausts führte.

Strategiewechsel – legal an die Macht

Die wirtschaftliche Lage hatte sich in der Zwischenzeit in ganz Deutschland etwas gebessert – die Arbeitslosenquote lag 1927 bei 6,2 Prozent – und die Reparationslast hatte in Verhandlungen zumindest reduziert werden können. In den kurzen „Goldenen Zwanzigern" schien kein Platz mehr für die Partei zu sein. Bei der Reichstagswahl im Mai 1928 erreichte die NSDAP trotz massiver Propaganda nur magere 2,6 Prozent.

Dies änderte sich schlagartig, als im Oktober 1929 die Weltwirtschaftskrise ausbrach: Unternehmen gingen in Konkurs, die Menschen wurden massenhaft arbeitslos und das Geld wurde knapp. Die zunehmend verzweifelte Lage trieb den linken und rechten Parteien scharenweise Anhänger zu.

Nach dem fehlgeschlagenen Putsch hatte Hitler seine Strategie grundlegend geändert. Nun wollte er die Macht im Staat auf legalem Weg erobern und die Demokratie mit ihren eigenen Waffen schlagen. Auf dem Weg dorthin nutzte er für deutsche Verhältnisse völlig neue Methoden der Propaganda und der Massenbeeinflussung. Seine politischen Reden enthielten immer die gleichen Versatzstücke: die „Schuld der Novemberverbrecher", die Dolchstoßlegende, die „Schande von Versailles", die „bolschewistische Gefahr" und den Hass auf Juden und Kommunisten. Die SA sorgte überdies mit spektakulären Aufmärschen, Krawallen und Straßenschlachten dafür, dass die Partei und ihr Führer immer wieder in die Schlagzeilen kamen.

Als im März 1930 die Weimarer Koalition unter SPD-Kanzler Hermann Müller – dem letzten durch eine Parlamentsmehrheit legitimierten Reichskanzler – auseinandergebrochen war und unter Reichskanzler Heinrich Brüning neu gewählt wurde, machte sich diese Strategie erstmals bezahlt: Bei den Reichstagswahlen vom 14. September 1930 steigerte die NSDAP ihren Stimmenanteil auf einen Schlag von 2,6 auf 18,3 Prozent. Sie zog nun mit 107 Abgeordneten in den Reichstag ein. Dank der Wirtschaftskrise war die NSDAP doch noch zu einem politischen Faktor geworden.

DIE WIRTSCHAFTSKRISE ZERSTÖRT ALLE HOFFNUNGEN

Die Wirtschaftskrise begann mit einem Paukenschlag: Am 24. Oktober 1929, dem Donnerstag vor dem legendären „Schwarzen Freitag“, gingen an der New Yorker Börse die Kurse in den Keller. Die Spekulationsblase war geplatzt. Der Crash war das Startsignal einer weltweiten Wirtschaftskrise, wie man sie bisher noch nie erlebt hatte. Sie beendete weltweit und besonders in Deutschland die kurzen „Goldenen Zwanziger Jahre“, in denen sich eine zarte Stabilisierung angedeutet hatte und die vielleicht, hätten sie länger gedauert, eine Versöhnung der Menschen mit der Republik von Weimar hätten ergeben können.

Die Not greift um sich

Doch gerade Deutschland bekam die Auswirkungen der Krise besonders zu spüren. Der Aufschwung der 1920er Jahre war fast ausschließlich auf Pump mit kurzfristigen Krediten aus dem Ausland finanziert worden. Nun forderten die Kreditgeber ihr Kapital zurück, um die eigenen Verluste zu decken. Darüber hinaus kam der deutsche Export fast gänzlich zum Erliegen. Kaum jemand wollte noch in Unternehmen investieren und das Geld wurde knapp. Die Folge: Eine riesige Konkurswelle, Firmenschließungen, Zwangsversteigerungen, Einkommenskürzungen und Massenarbeitslosigkeit. 1931 suchten 4,5 Millionen Menschen in Deutschland Arbeit. In einer zweiten Welle brachen dann ab 1931 etliche Banken wie etwa die Danatbank, damals die zweitgrößte deutsche Bank, zusammen, was sowohl die betroffenen Sparer wie auch zahlreiche Wirtschaftsunternehmen mit in den Strudel riss.

Die wirtschaftliche Not griff ungebremst um sich. Sie betraf nicht nur Arbeiterfamilien, sondern alle Schichten der Bevölkerung. Dies verunsicherte gerade den Mittelstand, der sich bis dahin einigermaßen sicher gefühlt hatte. Der Abstieg verlief immer gleich: Erst war die Arbeit weg, weshalb die Menschen bald auch keine Miete mehr zahlen konnten. Dann mussten sie ihre Wohnungen aufgeben. Endstation war schließlich das Obdachlosenasyl oder die Straße.

1932 erreichte die Depression ihren Höhepunkt. Beinahe jede dritte Familie in Deutschland war nun von der Arbeitslosigkeit betroffen. Viele Arbeitslose waren gar nicht mehr registriert. Schätzungen sprechen von tatsächlich rund zehn Millionen Arbeitslosen in Deutschland. Hunger, Not und Elend waren auf den Straßen allgegenwärtig. Die Zahl der Selbstmorde stieg rapide: Im Krisenjahr 1932 nahmen sich 17 000 Menschen das Leben. Die Situation bot den idealen Nährboden dafür, dass sich die Menschen politisch radikalisierten. Kommunisten wie Rechte hatten mit ihren Heilsversprechungen leichtes Spiel bei den notleidenden Menschen.

Die Rechte formiert sich

Die Regierung bot auch keine überzeugenden Ideen für einen Ausweg aus der Krise. Angesichts leerer Staatskassen konnte sie die Not der Menschen nicht lindern. Seit Sommer 1928 war die Große Koalition unter Sozialdemokrat Hermann Müller am Werk, die jedoch von Anfang an auf wackeligen Füßen stand. Wegen einer außenpolitischen

Arbeitslosigkeit in der Weimarer Republik: Schlange vor dem Arbeitsamt in Hannover 1930/33 (Walter Ballhause).

Frage wurde sie 1929 von rechten Parteien mit regelrechtem Trommelfeuer belegt: Mit dem Young-Plan sollten die Reparationsverpflichtungen Deutschlands gegenüber den Siegermächten neu geregelt werden. Auf Initiative des damaligen Außenministers Gustav Stresemann hatte eine Kommission die bisher gültigen Regelungen überarbeitet. Der Young-Plan minderte die deutsche Reparationsschuld deutlich, brachte Deutschland durch wegfallende Kontrollen ein Stück Souveränität und sah die Räumung des noch immer besetzten Rheinlandes bei Annahme des Planes vor.

Deutsche Außenpolitik – Von Stresemann zu Hitler

Der verlorene Weltkrieg bestimmte die außenpolitische Situation Deutschlands für die folgenden Jahrzehnte: Die Revision des Versailler Vertrags war Ziel der Außenpolitik jeder Regierung. Nachdem das Deutsche Reich in den ersten Nachkriegsjahren vollständig außenpolitisch isoliert gewesen war, entwickelten sich seit 1924 durch das Zusammentreffen mehrerer günstiger Faktoren neue Chancen für die deutsche Außenpolitik. Zum einen setzte sich bei den deutschen Politikern eine realistischere Auffassung von Möglichkeiten und Grenzen deutscher Außenpolitik durch, zum anderen wandelte sich die Einstellung der Siegermächte zu Deutschland.

Eine wichtige Rolle spielte dabei Gustav Stresemann, der als Außenminister von November 1923 bis Oktober 1929 für Kontinuität in der deutschen Außenpolitik sorgte. Der Politiker der Deutschen Volkspartei (DVP) hatte sich in den Anfangsjahren der Weimarer Republik zum Vernunftrepublikaner gewandelt. Wie die meisten Politiker seiner Zeit vertrat er eine national orientierte Außenpolitik, die vor allem auf eine Revision des Versailler Vertrags und die Wiederherstellung der früheren Größe und Geltung Deutschlands zielte. Was Stresemann aber von den Nationalisten seiner Zeit und von seinen Nachfolgern unterschied, war sein Sinn für die politischen Realitäten. Anders als diese suchte er den Ausgleich im Rahmen des internationalen Systems mit den Mitteln der Verhandlung und Verständigung. Ihm war klar, dass es eine Revision von Versailles nur geben konnte, wenn die Sicherheitswünsche Frankreichs befriedigt würden. Die Rückkehr Deutschlands auf die Weltbühne wollte er vor allem über die Wirtschaftspotenz Deutschlands erreichen, was ebenfalls die Regelung der Reparationsfrage vordringlich machte.

Mit dem Dawes-Plan 1924, der mit der Räumung des Ruhrgebietes verknüpft war, sowie mit der Konferenz von Locarno 1925, deren Resultat ein Garantiepakt mit Frankreich und Belgien und Schiedsverträge mit Frankreich, Belgien, Polen und der Tschechoslowakei waren, gelangen ihm Erfolge in der Reparationsfrage und eine Beendigung der außenpolitischen Isolierung Deutschlands. Seit 1928 zeichnete sich ab, dass es ein Junktim der von Deutschland gewünschten vorzeitigen Räumung des Rheinlandes und einer endgültigen Regelung der Reparationsfrage geben würde. Dies mündete im Mai 1929 in den Young-Plan, der die endgültige Reparationssumme sowie die Dauer der Zahlungen festschrieb.

Durch den Young-Plan sollten zahlreiche Beschränkungen des Dawes-Plans entfallen, vor allem aber erklärten sich die Alliierten bereit, bis zum 30. Juni 1930 das ganze Rheinland vorzeitig zu räumen. Doch in Deutschland wurden die Vorteile des Plans weithin nicht erkannt, und die Rechte instrumentalisierte ihn für innenpolitische Zwecke. Die nationalistische Agitation diskreditierte die auf Verständigung setzende Außenpolitik Stresemanns. Eine „Politik der kleinen Schritte", wie dieser sie im Auge hatte, stieß zunehmend auf Widerstand.

Der Tod des international geachteten Außenpolitikers am 3. Oktober 1929 markiert denn auch eine Wende in der Außenpolitik. Die autoritären Präsidialkabinette forderten im Zeichen der Weltwirtschaftskrise immer rigoroser und immer öfter auch im nationalen Alleingang die Revision des Versailler Vertrags.

Einen weiteren, radikalen Einschnitt für die deutsche Außenpolitik bedeutete die Ernennung Hitlers zum Reichskanzler am 30. Januar 1933, der expansionistische und kriegerische Ziele verfolgte. Allerdings waren diese zu Beginn seiner Herrschaft weder für Deutsche noch für die internationalen Partner Deutschlands eindeutig erkennbar: Zum einen vermittelte das mit der Außenpolitik betraute Personal inklusive des deutschen Außenministers Konstantin von Neurath weitgehend das Bild einer Kontinuität, zum anderen gab Hitler zumindest in der Öffentlichkeit in den ersten Jahren seiner Herrschaft den friedliebenden Diktator. Er umwarb England, Italien und sogar Frankreich, um einer außenpolitischen Isolierung zu entgehen und potentielle Bündnispartner zu finden. Im Mai 1933 ratifizierte er den deutsch-sowjetischen Vertrag, und mit dem Vatikan einigte er sich im Konkordat vom 20. Juli 1933.

Insgeheim trieb er allerdings von Anfang an die Aufrüstung voran. Seine Rhetorik einer wiedererstarkenden Großmacht Deutschland verfing bei der Bevölkerung sehr schnell, und als er dann auch erste revisionistische Erfolge präsentieren konnte, wie die erfolgreiche Saarland-Abstimmung im Januar 1935 oder die Einführung der allgemeinen Wehrpflicht im März 1935, trug dies wesentlich zur Akzeptanz des NS-Regimes bei.

Doch das reichte den rechten Parteien bei weitem nicht. Sie bliesen zum Sturm auf den Young-Plan. Erstmals machten im Sommer 1929 bei einem Volksbegehren gegen diesen Plan alle rechten republikfeindlichen Parteien und Gruppierungen gemeinsame Sache. In dieser neuen

Koalition verbündeten sich Medienmogul Alfred Hugenberg, Vorsitzender der rechtsgerichteten Deutschnationalen Volkspartei (DNVP) und Besitzer eines riesigen Zeitungs- und Filmimperiums, der Frontkämpferbund „Stahlhelm, Bund der Frontsoldaten" und Hitler. Gemeinsam forderten sie mit Flugblattaktionen und mit Hetzkampagnen zum Kampf gegen die „Novemberverbrecher", die „Kriegsschuldlüge" und gegen das gesamte „System Weimar" auf.

Zwar scheiterte das Young-Volksbegehren, weil nur 14 Prozent der Stimmberechtigten zur Wahlurne gingen. Doch für die NSDAP hatte sich die neue Kooperation gelohnt. Die NSDAP war aus ihrem Schattendasein getreten und durch die Zusammenarbeit mit der DNVP und dem Stahlhelm aufgewertet. Die Agitation gegen den Young-Plan bescherte ihr beträchtlichen Zulauf aus allen Bevölkerungskreisen.

Während dieser Agitation hatte die Große Koalition noch zusammengehalten. Doch als die Wirtschaftskrise ihre volle Wirkung entfaltete, brachen die Gegensätze der Parteien auf. Zum Bruch kam es wegen einer Beitragserhöhung zur Arbeitslosenversicherung, die 1927 als eine der wichtigsten sozialpolitischen Neuerungen der Weimarer Republik nach langer Debatte eingeführt worden war. Die neue Einrichtung konnte in der Wirtschaftskrise die gewaltigen Kosten, die die Massenarbeitslosigkeit verursachte, nicht mehr stemmen. Sollten die Beiträge nun erhöht oder die Leistungen gekürzt werden? Während die SPD eine Erhöhung der von Arbeitnehmern und Arbeitgebern zu gleichen Teilen getragenen Beiträge durchsetzen wollte, wollte die DVP die Kosten für die Unternehmen keinesfalls erhöhen, sondern die Leistungen kürzen. Da trotz mehrerer Kompromissvorschläge über diese Frage keine Einigung erzielt werden konnte und der Reichspräsident dem Reichskanzler auch nicht per Notverordnung zur Seite stehen wollte, zerbrach die Große Koalition unter Hermann Müller am 27. März 1930. Sie war die letzte Regierung, die sich auf parlamentarische Mehrheiten stützte. Die nachfolgenden Kabinette bemühten sich gar nicht mehr darum, Mehrheiten für ihre Politik zu suchen und zu finden. Sie regierten fortan nur noch durch Hindenburgs Gnaden.

REGIEREN OHNE PARLAMENT – DER BEGINN DER PRÄSIDIALKABINETTE

Schon länger hatte sich Hindenburg mit seinen Beratern Gedanken über eine Alternative zur demokratisch legitimierten Großen Koalition unter Hermann Müller gemacht. Ihn störte die Beteiligung der SPD an der Macht. Drei Tage nach Müllers Demission am 27. März 1930 ernannte Hindenburg den Zentrumspolitiker Heinrich Brüning zum neuen Reichskanzler. Dessen Kabinett bestand aus Mitgliedern der bürgerlichen Parteien und aus Hindenburg-Vertrauten aus der DNVP. Die SPD war nicht mehr vertreten. Die Regierung fühlte sich an keine Koalition gebunden und hatte im Reichstag keine parlamentarische Mehrheit. Als sich dies bei der Abstimmung über Steuererhöhung und Leistungskürzungen in der Arbeitslosenversicherung zeigte, ließ Brüning den Reichspräsidenten den Reichstag auflösen, das Gesetz per Notverordnung in Kraft setzen und Neuwahlen ausrufen. Das hatten sich insbesondere die radikalen Parteien rechts und links nur gewünscht.

Von nun an regierten die folgenden Präsidialkabinette immer nach diesem Mechanismus: Wenn ein Gesetz der Regierung im Reichstag abgelehnt wurde, setzte der Reichspräsident dieses in Form einer Notverordnung in Kraft. Wenn der Reichstag daraufhin die Aufhebung der Notverordnung verlangte oder dem Reichskanzler das Misstrauen aussprach, löste der Reichspräsident das Parlament auf. Neuwahlen mussten dann spätestens nach 60 Tagen abgehalten werden und der Reichstag nach weiteren 30 Tagen zusammentreten. In diesen 90 Tagen konnte das Kabinett mit Notverordnungen regieren. Damit war die parlamentarische Demokratie von Weimar komplett ausgehebelt. Dem Buchstaben der Verfassung genügte dieses Verfahren zwar, doch den Grundgedanken vom demokratischen Staatsaufbau mit der Gewaltenteilung höhlte es aus, weil Legislative und Exekutive dauerhaft vermischt wurden.

Radikalisierung unter dem „Hungerkanzler" Brüning

Die Reichstagswahlen vom September 1930 – die sogenannten „Erbitterungswahlen" – brachten einen Triumph für die radikalen Parteien: Die NSDAP verbesserte sich auf einen Schlag von 2,6 auf 18,3 Prozent und wurde so zweitstärkste Fraktion. Wahlsieger auf der linken Seite war die KPD, nun mit 13,1 Prozent drittgrößte Fraktion. Die bürgerlichen Parteien und auch die DNVP verzeichneten schwere Verluste.

Hitlers Wähler

Lange hatte er sich dagegen gewehrt. Doch dass Reichspräsident Paul von Hindenburg Adolf Hitler am 30. Januar 1933 zum Reichskanzler machte, war eigentlich längst überfällig gewesen: Hatte die NSDAP doch bei beiden Reichstagswahlen des Jahres 1932 die meisten Stimmen erhalten.

Wie konnten die Nationalsozialisten in kurzer Zeit von einer Splitterpartei zur politischen Macht werden? Wer waren Hitlers Wähler? Lange hieß es, die Frauen hätten Hitler zum Sieg verholfen und die Arbeiterschaft wäre immun gegen die braune Propaganda gewesen. Nach genauer Analyse sieht man das in der Forschung heute differenzierter: Gerade die Tatsache, dass die Nationalsozialisten alle Schichten und Gruppen der Gesellschaft erreichten, machte ihr Erfolgsrezept aus. Die NSDAP war in diesem Sinne die erste deutsche Volkspartei.

Die anderen Weimarer Parteien suchten ihre Wähler alle in bestimmten gesellschaftlichen Gruppen: Das Zentrum und die Bayerische Volkspartei vertraten das katholische Milieu, verschiedene Regionalparteien lebten vom Gegensatz zu Preußen und dem Zentralstaat, SPD und KPD verstanden sich als Repräsentanten der Arbeiterschaft. Anders als diese richtete die NSDAP ihre Propaganda nicht an ein einzelnes Milieu. Sie sprach – insbesondere auch mit ihren zahlreichen Verbänden und Unterorganisationen – alle gesellschaftlichen Gruppen und Berufsgruppen an. Sie bot für Juristen genauso etwas wie für Arbeiter, Frauen oder Jugendliche. Getragen durch die Unzufriedenheit der Menschen mit den wirtschaftlichen und politischen Verhältnissen der Weimarer Republik, verstand sie sich als allgemeine Sammel- und Protestbewegung.

Überproportionale Anhängerschaft konnten die Nationalsozialisten im alten Mittelstand gewinnen, bei Selbständigen, kleinen Gewerbetreibenden, Handwerkern sowie bei Bauern, Rentnern und Pensionären. Dagegen stimmten die drei Millionen Arbeitslosen eher für die KPD.

Tendenziell wählten eher die Einwohner kleinerer Gemeinden die NSDAP, in den Großstädten errangen die Nazis proportional weniger Stimmen. Allerdings konnte man nachweisen, dass die NSDAP-Wähler in den Großstädten mehrheitlich in den Vierteln der Wohlhabenden wohnten.

Als grundsätzlich stabil erwiesen sich nur das traditionsbewusste katholische Milieu und die organisierten Industriearbeiter, doch auch sie waren nicht gänzlich immun gegenüber der nationalsozialistischen Propaganda. Noch im Juli 1932 stammten nur 17 Prozent der NSDAP-Wähler aus überwiegend katholischen Regionen. Bei den Arbeitern wählte rund jeder Vierte die NSDAP.

Es gelang der NSDAP also ein Spagat zwischen Wohlhabenden, Mittelschicht und Arbeiterschaft: Die Oberschicht sah die Nationalsozialisten als Bollwerk gegen die kommunistische Bedrohung, Teile der Arbeiterschaft hielten sie für eine Alternative zu SPD und KPD. Die Mittelschicht schließlich protestierte durch sie gegen die gesellschaftlichen und wirtschaftlichen Realitäten in Zeiten der Wirtschaftskrise. Alle Wähler der NSDAP verband jedoch eines: die Ablehnung der Weimarer Republik.

Aus Furcht vor einer erneuten Auflösung des Reichstags und möglichen weiteren Gewinnen der Radikalen bei Neuwahlen entschloss sich die SPD nach den Erbitterungswahlen von 1930, das Minderheiten-Kabinett Brüning vorerst zu tolerieren. Damit half sie Brüning, sein radikales Sanierungsprogramm durchzusetzen: Die Vermeidung einer Inflation und die Sanierung des Staatshaushaltes waren seine obersten Ziele. Das „Deficit Spending“ des britischen Wirtschaftstheoretikers John Maynard Keynes – also die Staatsverschuldung im Augenblick der Not, um die Nachfrage zu stärken, die Wirtschaft anzukurbeln und Arbeitsplätze zu erhalten – war damals noch nicht genügend bekannt und hätte wahrscheinlich auch nicht Brünings Einverständnis gefunden. Denn er hatte mit der Sparpolitik noch ein weiteres Ziel im Auge: Er wollte damit gleichzeitig die Zahlungsunfähigkeit Deutschlands in Bezug auf die Reparationen beweisen und diese so aus der Welt schaffen. Diese Politik trug ihm die Bezeichnung „Hungerkanzler" ein. Die Brüning'sche Deflationspolitik verstärkte die Wirtschaftskrise und die Arbeitslosigkeit noch, was den Radikalen weiteren Zulauf brachte. Umso mehr fürchtete sich die SPD wiederum vor einer weiteren Wahl mit verheerenden Ergebnissen und tolerierte Brünings Kurs. Die Volksvertretung wurde auf diese Weise zum zahnlosen Tiger.

Schon 1931 konnte sich die Regierung nur noch mit knapper Not an der Macht halten. Nach Meinung der Reichswehr, vor allem des einflussreichen Generals Kurt von Schleicher, nahm Brüning immer noch zu viel Rücksicht auf die Sozialdemokratie und die gewerkschaftlichen Interessengruppen innerhalb des Zentrums. Im Oktober 1931 musste Brüning das Kabinett umbilden, um die Wühlarbeit seiner Gegner abzuwehren. Die Rechtsopposition hatte bereits mögliche Alternativen sondiert, unter anderem eine Rechtsregierung unter Beteiligung der Nationalsozialisten. Bei einer Großveranstaltung in Bad Harzburg demonstrierten die rechtsnationalen Parteien und der Frontkämpferbund „Stahlhelm" auf Initiative Hugenbergs erstmals über alle Parteigrenzen hinweg Einigkeit gegen den Gegner Brüning. Man nannte sich die „Harzburger Front". Doch schon im Vorfeld hatte es allerlei Missstimmung gegeben, und als es dann im Reichstag bei einem Misstrauensantrag gegen den Reichskanzler zum Schwur kam, reichten die Stimmen gegen Brüning nicht aus.

Das Ende Brünings – „hundert Meter vor dem Ziel"?

Im Frühjahr 1932 standen dann turnusgemäß die Reichspräsidentenwahlen an. Nachdem sich die nationale Opposition nicht auf einen gemeinsamen Kandidaten einigen konnte, warf Hitler am 22. Februar 1932 seinen Hut in den Ring. DNVP und Stahlhelm hatten sich auf den Stahlhelmführer Theodor Duesterberg geeinigt, die KPD stellte Ernst Thälmann als Kandidaten zur Wahl. Damit war Hindenburg gegen seine Überzeugung auf die hinter Brüning stehenden

Kräfte einschließlich der SPD angewiesen, wenn er erneut gewählt werden wollte. Brüning bemühte sich redlich, die Parteien von der gemäßigten Linken bis zur gemäßigten Rechten für die erneute Wahl Hindenburgs zu gewinnen. Um die extremen Kandidaten Hitler und Thälmann zu verhindern und das „kleinere Übel" Hindenburg zu halten, gingen Parteien wie die SPD dabei bis zur Selbstverleugnung. Dass weder die SPD noch das Zentrum statt des alten Feldmarschalls einen politisch überzeugenden und republikanisch gesinnten Kandidaten aufstellten, zeigt, wie weit die demokratischen Parteien schon resigniert hatten.

Doch als Hindenburg nach einem aufsehenerregenden Wahlkampf der Nationalsozialisten am Wahlabend mit 49,6 Prozent die absolute Mehrheit nur knapp verfehlte und Hitler „nur" 30,1 Prozent errang, war Hindenburg nicht etwa Brüning dankbar. Stattdessen verübelte er ihm, dass es überhaupt einen Gegenkandidaten auf der rechten Seite gegeben hatte und dass er seinen Erfolg ausgerechnet Katholiken und Sozialdemokraten verdankte . Hitler dagegen war von vielen eigentlich Hindenburg nahestehenden Gruppierungen und sogar vom preußischen Kronprinzen unterstützt worden. Bei der Stichwahl am 10. April siegte Hindenburg schließlich mit 53 Prozent vor Hitler, der nun auf 36,8 Prozent kam.

Beim vorausgegangenen krawallartigen Wahlkampf der NSDAP war es immer wieder zu Ausschreitungen gekommen. Deshalb hatte man auf Länderebene, vor allem in Preußen, schon während der Wahlkampfzeit über ein Verbot der SA und der SS nachgedacht. Als die Wahl vorüber war, erließ Innen- und Wehrminister Wilhelm Groener am 13. April 1932 ein solches Verbot. Hindenburg hatte seine Zustimmung zu diesem Verbot nur widerwillig gegeben. Er hätte gerne gesehen, dass gleichzeitig auch das SPD-nahe „Reichsbanner Schwarz-Rot-Gold" verboten wird. Hindenburg-Berater Kurt von Schleicher nutzte diesen Dissenz, um die Kluft zwischen Hindenburg und Brüning zu vergrößern. Er gedachte die SA-Mitglieder für eine neue Reichswehr zu nutzen, wenn die im Versailler Vertrag gegen Deutschland verhängten

Rüstungsbegrenzungen aufgehoben sein würden. Das hoffte man bei der Genfer Abrüstungskonferenz zu erreichen.

Hinter den Kulissen verhandelte Schleicher zu dieser Zeit mit Hitler über eine neue Regierung, eventuell unter Einschluss der NSDAP. Dabei kam es zu einer Art Abmachung: Schleicher versprach dafür zu sorgen, dass die Regierung Brüning entlassen, das SA-Verbot aufgehoben und der Reichstag neu gewählt werden würde, während Hitler zusagte, eine neue Präsidialregierung zumindest zu tolerieren. Schleicher erfüllte seinen Teil der Abmachung in den folgenden Wochen, Hitler dagegen forderte nach der so erfolgreichen Neuwahl im Juli 1932 das Kanzleramt für sich und ging damit einen Schritt zu weit.

Aber zurück zu Brüning: Den letzten Anstoß für die Entlassung Brünings gab der Streit um die sogenannte Osthilfe. Als Brüning plante, die Subventionen für die ostelbischen Gutsbesitzer zu streichen und unrentable Güter gegen Entschädigung zu enteignen – nach Meinung der Gutsbesitzer, die bei Hindenburg Sturm liefen, blanker „Agrarbolschewismus" –, war für Hindenburg das Maß voll. Er ließ Brüning fallen.

Der Reichspräsident machte Brüning klar, dass er ihm keine weiteren Notverordnungen mehr unterschreiben würde. Dies war ein Vertrauensentzug. Der Reichskanzler trat daraufhin am 31. Mai 1932 mit seinem Kabinett zurück. Beinahe zum Mythos ist ein Ausspruch Brünings geworden, man habe ihn „hundert Meter vor dem Ziel" zu Fall gebracht. Mit Ziel war damit vordringlich der außenpolitische Erfolg gemeint, die vollständige Streichung der Reparationen. Dabei handelt es sich jedoch wohl eher um eine von Brüning bewusst in die Welt gesetzte Rechtfertigung seiner Sparpolitik, da er nachweislich zum Zeitpunkt seiner Entlassung selbst nicht an die erfolgreiche, komplette Streichung der Reparationen geglaubt hat.

Bereits am 1. Juni 1932 wurde Franz von Papen auf Betreiben seines Freundes Kurt von Schleicher zum Nachfolger Heinrich Brünings ernannt.

KABINETT FRANZ VON PAPEN – TOTENGRÄBER DER DEMOKRATIE

Für die meisten Deutschen war der neue Reichskanzler Franz von Papen ein unbeschriebenes Blatt. Der westfälische Gutsbesitzer verdankte seinen Posten denn wohl auch weniger seiner Begabung oder seiner politischen Karriere, als vielmehr der Tatsache, dass er Schleicher eine geeignete Marionette für seine Zwecke schien: Schleicher soll boshaft über Papen gesagt haben, dieser habe keinen Kopf zum Denken, sondern nur einen Hut zum Repräsentieren.

Die neue Regierung nannte sich „Kabinett der nationalen Konzentration". Bei vielen Menschen hieß es allerdings nur das „Kabinett der Barone", denn ihm gehörten ein Graf, vier Freiherren, zwei weitere Adelige und nur drei Bürgerliche an. Das Kabinett hatte sich einen deutlichen Rechtsruck vorgenommen. Bereits vorab hatte Schleicher mit Hitler über eine Unterstützung durch die NSDAP verhandelt. Hitlers Bedingungen waren, wie schon dargestellt, eine Auflösung des Reichstags mit Neuwahlen und die Aufhebung des SA-Verbots gewesen. Der ersten Bedingung kam die neue Regierung sofort nach: Am 4. Juni 1932 löste der Reichspräsident den Reichstag auf.

„Der neue Staat" – Idee einer autoritären Diktatur

In seiner ersten Regierungserklärung sprach Papen von der „Misswirtschaft der Parlamentsdemokratie" und dem Kampf gegen den „ständig steigenden Staatssozialismus". Er träumte von einer Verfassungsreform, einem Konzept namens „Der neue Staat", was nichts anderes war als eine autoritäre Diktatur. Die ersten Maßnahmen, die das neue Kabinett beschloss, legten den Charakter der neuen Regierung offen: Per Notverordnung wurden die Arbeitslosen- und die Wohlfahrtsunterstützung drastisch gesenkt, am 16. Juni wurde die SA wieder zugelassen, und die langjährige sozialdemokratische Landesregierung von Preußen wurde entmachtet, die den reaktionären Kreisen als letzte SPD-Regierung in Deutschland, als „Bollwerk der Republik", schon längst ein Ärgernis war.

Beim sogenannten Preußenschlag vom 20. Juli 1932 wurde die langjährige Regierung unter Otto Braun, die seit der Landtagswahl nur noch geschäftsführend im Amt war, da sich keine Koalitionspartner fanden, einfach kassiert. Anlass gaben der Straßenterror im Vorfeld der Reichstagswahl und das Gerücht, der preußische Innenminister Severing habe ein geheimes Bündnis gegen die Nationalsozialisten geschlossen. Daraufhin unterzeichnete der Reichspräsident eine Notverordnung zur „Wiederherstellung der Sicherheit und Ordnung in Preußen". Papen selbst übernahm das Reichskommissariat für Preußen und verhängte über Berlin und Brandenburg den Ausnahmezustand. Widerstand gegen diesen illegalen Staatsstreich erhob sich nicht.

Im Vorlauf der Parlamentswahlen am 31. Juli 1932 kam es – auch weil das SA-Verbot wieder aufgehoben worden war – zu einer beispiellosen Welle politischer Gewalt. Schon lange hatte es immer wieder Straßenkämpfe und Auseinandersetzungen zwischen den Anhängern verschiedener politischer Gruppen und Kampfverbände sowie Mordanschläge auf missliebige Politiker gegeben. Doch nun, im Frühsommer 1932, eskalierte die Gewalt. Gewalttätige Demonstrationen, Saal- und Straßenschlachten waren an der Tagesordnung. Von Mitte Juni bis zum 20. Juli 1932 verzeichnet allein die preußische Statistik 99 Tote und weit über 1 000 Verletzte. Trauriger Höhepunkt der Gewalt war der Altonaer Blutsonntag vom 17. Juli 1932. Bei dieser Straßenschlacht zwischen Nazis, Kommunisten und der Polizei kamen 18 Personen ums Leben, über 100 Menschen wurden verletzt.

Dank ihrer Agitation auf der Straße mit der massenwirksamen Forderung nach „Arbeit und Brot" gelang den Nationalsozialisten bei der Parlamentswahl am 31. Juli 1932 ein deutlicher Sieg. Mit 37,3 Prozent und 230 Sitzen verdoppelten sie ihr bisheriges Ergebnis und verdrängten die SPD als stärkste Kraft im Parlament. Gemeinsam mit der KPD verfügten sie über eine „negative Mehrheit", die jede ergebnisorientierte Parlamentsarbeit aussichtslos machte.

Angesichts seiner Stärke verlangte Hitler nun bei Sondierungsgesprächen mit Papen kompromisslos das Kanzleramt. Doch noch konnte er Hindenburg nicht überzeugen. Bei einem Treffen der beiden am 13. August – hier trafen ja die zwei Kontrahenten um das Reichspräsidentenamt aufeinander – fertigte der Reichspräsident den Parteiführer rasch ab: Er könne es „vor Gott, seinem Gewissen und seinen Pflichten dem Vaterland gegenüber nicht verantworten", die „Führungsgewalt der nationalsozialistischen Bewegung zu übertragen".

Da Papen so allerdings auch nicht mehr regieren konnte, löste er den Reichstag bei seiner ersten Sitzung am 12. September gleich wieder auf. Neuwahlen wurden auf den 6. November festgelegt.

In der Zwischenzeit regierte Papen per Notverordnungen, für die er jedes Mal das Einverständnis des Reichspräsidenten gewinnen musste. Er agierte sehr unternehmerfreundlich, unter anderem durch Lockerungen im Tarifrecht. Aber er brachte auch ein bescheidenes Arbeitsbeschaffungsprogramm auf den Weg, das einen ersten Ausweg aus der Krise wies. Bereits vorliegende Pläne zum Autobahnbau und zur Schaffung einer Wehrpflichtarmee, die die Arbeitslosigkeit weiter hätten abbauen können, konnten vorerst nicht realisiert werden, da einzelne Bestimmungen des Versailler Vertrags dem entgegenstanden. Auf diese Pläne griff Hitler später zurück und wurde so zum vermeintlichen „Erfinder" der Autobahnen.

Misserfolg der NSDAP bei den November-Wahlen

Die Bevölkerung war langsam des dauernden Wahlkampfes und des daraus folgenden Terrors auf der Straße müde. Die Wahlbeteiligung sank. Die NSDAP, die in den vorherigen Wahlen unter anderem auch eine große Zahl von Nichtwählern für sich hatte gewinnen können, konnte diesmal nicht so viele Anhänger mobilisieren wie früher. Die Bevölkerung war mittlerweile von allen Parteien enttäuscht.

Die Reichstagswahlen von 1919–1933 – das Schwinden der demokratischen Mitte. Erste Position Prozentanteil, zweite Position Zahl der Sitze

Datum	KPD	USPD	SPD	Zentrum	BVP	DDP	DVP	DNVP	NSDAP	Sonstige	Wahlbeteiligung (Gesamtsitze)
19. Januar 1919 a)	—	7,6 (22)	37,9 (165)	19,7 (91)	—	18,6 (75)	4,4 (19)	10,3 (44)	—	1,5 (7)	83,0 (423)
6. Juni 1920	2,1 (4)	17,9 (84)	21,6 (102)	13,6 (64)	4,2 (21)	8,4 (39)	14,0 (65)	15,1 (71)	—	3,1 (9)	79,0 (459)
4. Mai 1924	12,6 (62)	0,8 (0)	20,5 (100)	13,4 (65)	3,2 (16)	5,7 (28)	9,2 (45)	19,5 (95)	6,6 b) (32)	8,5 (29)	77,4 (472)
7. Dezember 1924	9,0 (45)	0,3 (0)	26,0 (131)	13,7 (69)	3,7 (19)	6,3 (32)	10,1 (51)	20,5 (103)	3,0 b) (14)	7,5 (29)	78,8 (493)
20. Mai 1928	10,6 (54)	0,1 (0)	29,8 (153)	12,1 (62)	3,1 (16)	4,9 (25)	8,7 (45)	14,2 (73)	2,6 (12)	13,9 (51)	75,6 (491)
14. September 1930	13,1 (77)	0,03 (0)	24,5 (143)	11,8 (68)	3,0 (19)	3,8 (20)	4,5 (30)	7,0 (41)	18,3 (107)	14,0 (72)	82,0 (577)
31. Juli 1932	14,6 (89)	—	21,6 (133)	12,5 (75)	3,2 (22)	1,0 (4)	1,2 (7)	5,9 (37)	37,4 (230)	2,6 (11)	84,1 (608)
6. November 1932	16,9 (100)	—	20,4 (121)	11,9 (70)	3,1 (20)	1,0 (2)	1,9 (11)	8,8 (52)	33,1 (196)	2,9 (12)	80,6 (584)
5. März 1933 c)	12,3 (81)	—	18,3 (120)	11,3 (73)	2,7 (19)	0,9 (5)	1,1 (2)	8,0 (52)	43,9 (288)	1,5 (7)	88,7 (647)

Die Wahl vom 5. März 1933

Partei	Stimmen gesamt, in Prozent, Veränderung			Sitze im Reichstag (Veränderung)		Anteil an Sitzen
Nationalsozialistische Deutsche Arbeiterpartei (NSDAP	17.277.180	43,9 %	+10,8	288	+ 92	44,5 %
Sozialdemokratische Partei Deutschlands (SPD)	7.181.629	18,3 %	- 2,1	120	- 1	18,5 %
Kommunistische Partei Deutschlands (KPD)	4.848.058	12,3 %	- 4,6	81	- 19	12,5 %
Deutsche Zentrums-partei (Zentrum)	4.424.905	11,3 %	- 0,6	73	+ 3	11,3 %
Kampffront Schwarz-Weiß-Rot (Wahlbündnis aus DNVP /Stahlhelm/Landbund)	3.136.760	8,0 %	- 0,5	52	± 0	8,0 %
Bayerische Volkspartei (BVP)	1.073.552	2,7 %	- 0,4	19	- 1	2,9 %
Deutsche Volkspartei (DVP)	432.312	1,1 %	- 0,8	2	- 9	0,3 %
Christlich-Sozialer Volksdienst (CSVD)	383.999	1,0 %	- 0,1	4	- 1	0,6 %
Deutsche Staatspartei (DStP)	334.242	0,9 %	- 0,1	5	+ 3	0,8 %
Deutsche Bauernpartei	114.048	0,3 %	- 0,1	2	- 1	0,3 %
Landbund	83.839	0,2 %	- 0,1	1	- 1	0,2 %
Deutsch-Hannoversche Partei	47.743	0,1 %	- 0,9	0	0	–
Sozialistische Kampfgemeinschaft	3.954	0,0 %	- 0,9	0	0	–
Kampfgemeinschaft der Arbeiter und Bauern	1.110	0,0 %	- 0,9	0	0	–
Total	39.655.029	100,0 %		647	+ 63	100,0 %

Die Sitzverteilung nach der Wahl vom 5. März 1933

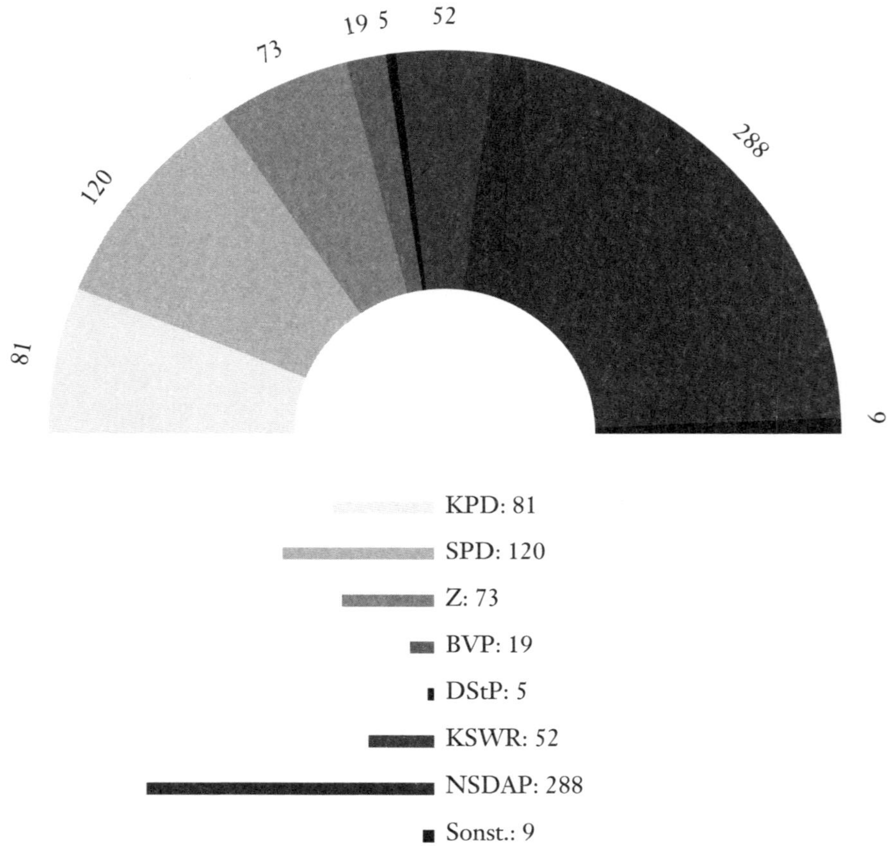

Die Wahlen vom 6. November 1932 brachten deshalb eine Enttäuschung für die NSDAP – sie fiel auf 33,1 Prozent der Stimmen zurück. Goebbels sprach in seinem Tagebuch von einer „Schlappe", die sozialdemokratische Zeitung „Vorwärts" titelte schon: „Abwärts mit Hitler". Der unaufhaltsame Vormarsch der Nationalsozialisten schien gestoppt. Stattdessen verzeichnete die DNVP, die den Reichskanzler stützte, Gewinne. Die Regierung profitierte dabei offenbar von den zaghaften Anzeichen einer wirtschaftlichen Besserung.

Dafür konnte die KPD erneut zulegen, so dass die beiden radikalen Parteien KPD und NSDAP weiterhin in der Lage waren, den Reichstag lahmzulegen. Gegenseitige Feindschaft und gezielte Diffamierung verhinderten aber auch ein Zusammengehen der gesamten Linken einschließlich der SPD.

Reichstagswahl November 1932

	NSDAP	SPD	KPD	Z	DNVP	BVP	DVP	CSVD	Sonst.
Nov. 1932	196 (33,1)	121 (20,4)	100 (16,9)	70 (11,9)	52 (8,3)	20 (3,1)	11 (1,9)	5 (1,1)	9 (3,3)
Juli 1932	-4,2	-1,2	+2,6	-0,5	+2,4	-0,1	+0,7	+0,1	+0,2

Das Wahlergebnis der Verteilung der 584 Sitze auf die Parteien und deren prozentuale Anteile. Zum Vergleich die Gewinne und Verluste der Parteien bei der Wahl im Juli 1932 (in Prozent).

Der Reichstag war also noch immer gelähmt. Am liebsten hätte Papen alle Parteien auf einen Schlag kassiert. Papen dachte nun offen an eine Diktatur: Konkret plante er, die Verfassung außer Kraft zu setzen, den Reichstag für unbestimmte Zeit aufzulösen, ein allgemeines Parteienverbot zu erlassen und eine Notstandsregierung zu errichten. Am Ende sollte eine durch eine Volksbefragung legitimierte Verfassungsänderung stehen.

Unterstützer für diese seine Ideen fand Papen unter anderem auch bei den deutschen Wirtschaftsführern, was ein Aufruf eines DNVP-nahen sogenannten „Deutschen Ausschusses" vom 6. November 1932 belegt, der sich für eine Regierung Papen unter Beteiligung der DNVP und gegen die NSDAP aussprach. Diesen Aufruf hatten 339 Persönlichkeiten unterzeichnet, darunter etliche Großindustrielle. Dies mindert die Bedeutung einer anderen Eingabe von Industriellen vom 19. November 1932, die Hindenburg aufforderte, Hitler zum Reichskanzler zu machen. Einige Historiker haben sie als Beleg dafür angeführt, dass Hitler zu dieser Zeit massiv von der Großindustrie protegiert worden sei. Doch die geringe Zahl der Unterschriften für diese Eingabe – sie war von insgesamt 19 oder 20 Vertretern unterschrieben – im Vergleich zu dem obengenannten Aufruf spricht dafür, dass die Großindustrie viel stärker Papens antiparlamentarisch-autoritären Plänen zuneigte.

Der von Papen geplante Staatsstreich hätte durch den Reichspräsidenten und vor allem durch die Reichswehr gestützt werden sollen, um die Gegenwehr insbesondere der Linken und der Nationalsozialisten abzuwehren. Zunächst stimmte Hindenburg diesem Plan auch zu, doch Reichswehrminister Schleicher, dem Papen zu eigenständig geworden war, intrigierte hinter dessen Rücken beim Reichspräsidenten. Er malte Hindenburg das Gespenst eines Bürgerkriegs an die Wand. Als Alternative brachte er sich selbst als Kanzler ins Spiel und überzeugte Hindenburg mit der Idee, die NSDAP zu spalten und einen Teil der Anhängerschaft unter Führung von Gregor Strasser auf seine Seite zu ziehen, ebenso die freien Gewerkschaften. Mit dieser Politik der „Querfront" wollte er eine Reichstagsmehrheit quer durch alle politischen Lager und Parteien erreichen.

Von dieser Möglichkeit, die der Verfassung entsprach und nicht die Gefahr eines Bürgerkriegs heraufbeschwor, ließ sich Hindenburg schließlich überzeugen. Schweren Herzens und angeblich sogar mit Tränen in den Augen entließ er Papen am 3. Dezember 1932: „Sie werden mich, lieber Papen, für einen Schuft halten, wenn ich jetzt meine Meinung ändere. Aber ich bin zu alt, um am Ende meines Lebens noch die Verantwortung für einen Bürgerkrieg zu übernehmen. Dann müssen wir in Gottes Namen Herrn von Schleicher sein Glück versuchen lassen." Nun beauftragte er General Kurt von Schleicher mit der Regierungsbildung. Zur Sicherheit ließ er aber seinen „Lieblingskanzler“ weiterhin in der Kanzlerdienstwohnung in der Wilhelmstraße wohnen.

KURT VON SCHLEICHER UND DIE IDEE EINER „QUERFRONT“

Die NSDAP stand nach der Novemberwahl nicht mehr auf sicheren Beinen. In der Parteikasse war Ebbe. Die Parteimitglieder fragten sich, ob es mit einer Regierungsbeteiligung überhaupt noch etwas werden würde, und begannen Hitler zu kritisieren, der sich nur an einer Regierung unter seiner Kanzlerschaft beteiligen wollte. Noch war Hitler nicht der Alleinherrscher in der Partei. Es gab durchaus auch noch andere Köpfe, die etwas zu sagen hatten. Gregor Strasser zum Beispiel, der Reichsorganisationsleiter der NSDAP, der die Partei nach Hitlers Festungshaft straff organisiert und sie in Nord- und Westdeutschland überhaupt erst als solche etabliert hatte. Er vertrat einen „linken“, antikapitalistischen Kurs der NSDAP, mit dem er die Arbeiter für die Partei gewann.

Damit kam er dem neuen Kanzler Kurt von Schleicher gerade recht: Der hatte nämlich die Idee, die Arbeiterschaft aller politischen Lager hinter sich zu bringen. Nicht zufällig sendete er mit seinen ersten Amtshandlungen Signale in diese Richtung aus. Er hob Papens Notverordnung auf, die den Unternehmern ohne Tarifbruch erhebliche Lohnkürzungen gestattet hatte. Per Rundfunkansprache stellte er sich dann gar als „sozialer General“ vor. Die Basis seiner neuen Regierung sollten die Organisationen der Arbeiterschaft und die Gewerkschaften aller politischen Couleur bilden. So sein Konzept der „Querfront“.

Unmittelbar nach seinem Amtsantritt ließ Schleicher den „linken“ Nationalsozialisten Gregor Strasser zu sich rufen. Er bot ihm im Gespräch den Posten des Vizekanzlers an. Nach der Unterredung war Schleicher überzeugt, es fehlte nur wenig, um Strasser und seine Anhänger auf seine Seite zu bekommen und damit von Hitler zu lösen. Darin irrte er sich allerdings.

Die NSDAP, die Anfang Dezember bei der Landtagswahl in Thüringen eine weitere Niederlage eingefahren hatte, musste sich nach der Ernennung Schleichers zu der neuen Regierung positionieren. Hitler, der noch nichts von Strassers Unterredung wusste, lehnte das neue Kabinett ab, Strasser plädierte für einen Regierungseintritt. Da man sich nicht einigen konnte, beschloss man, bei der kommenden Reichstagssitzung stillzuhalten. Man fürchtete nichts mehr als eine neuerliche Reichstagsauflösung samt Neuwahlen, die angesichts der leeren Parteikassen nichts Gutes erwarten ließen.

Schließlich erfuhr Hitler von der Unterredung Schleichers mit Strasser und dem Plan der „Gewerkschaftsachse". Er stellte Strasser zur Rede und warf ihm „Treulosigkeit" vor. Kurzzeitig sah es so aus, als könnte die Partei tatsächlich an dem Machtkampf zerbrechen, doch dann wagte Strasser den offenen Kampf mit Hitler nicht. Er zog sich am 8. Dezember von allen Parteiämtern zurück und hielt sich durch eine Erholungsreise nach Italien zunächst von allen weiteren politischen Aktivitäten fern. Hitler war in dieser Zeit nicht untätig und stellte Strassers Vertraute kalt. Auf diese Weise sicherte er sich die Führung in der Partei.

Auch die Versuche Schleichers, den Gewerkschaftsflügel der SPD auf seine Seite zu bekommen, scheiterten. Die Gewerkschaftsvertreter blieben skeptisch, da sie dem General nicht trauten.

Mit Strassers Abgang und der Zurückhaltung der Gewerkschaften und der SPD war Schleichers Politik der „Querfront" gescheitert, bevor sie überhaupt richtig begonnen hatte. Doch die Öffentlichkeit wusste noch nichts davon. Noch versuchte Schleicher, den Ball im Spiel zu behalten und insbesondere Hindenburg über die wahren Entwicklungen zu täuschen.

Zu Weihnachten, das Hindenburg auf seinem Gut Neudeck in Ostpreußen verbrachte, schickte dieser dem Kanzler ein Dankschreiben: „Lieber junger Freund! Ich danke Ihnen für die ruhige, stille Weihnacht, die ruhigste Zeit, die ich in meiner Amtszeit erlebt habe ... Mit Freude drücke ich Ihnen, lieber junger Freund, meine größte Zufriedenheit mit Ihrer Regierungsführung aus ..."

Wie Hindenburg erlebten auch viele Deutsche den Ausklang des Jahres 1932: Ein großer Spuk schien vorbei, die Talsohle durchschritten. Und so blickten auch die Zeitungen zum Jahreswechsel mit Optimismus ins neue Jahr. Die liberale *Frankfurter Zeitung* schreibt am 1. Januar in ihrer Morgenausgabe: „Auf allen Gebieten, in der Wirtschaft, in der Innenpolitik, in der Außenpolitik, und vor allem auch in der geistigen Gesamtlage der Nation lassen sich zum erstenmal gleichzeitig deutliche Symptome einer beginnenden Konsolidierung (...) beobachten. Eine Chance liegt also vor uns. (...) Die politische Grundtendenz wird durch die Tatsache der Entzauberung der NSDAP und durch die große staatspolitische Erkenntnis dieses Jahres bestimmt bleiben, dass es in Deutschland kein Diktieren gegen die öffentliche Meinung geben kann."

Und im *Simplicissimus* dichtete Karl Kinndt folgenden „Neujahrsgruß":

„Geht mit euren Horoskopen,
denn ihr prophezeitet schlecht.
Pessimisten, Misanthropen
haben leider meistens recht.
Eins nur lässt sich sicher sagen,
und das freut uns ringsherum:
Hitlern geht es an den Kragen,
dieses ‚Führers' Zeit ist um!"

Die Ereignisse schienen nach dem turbulenten Jahr 1932 für das kommende Jahr etwas mehr Ruhe und Frieden auf den Straßen zu versprechen – nichts wünschte sich der Großteil der Deutschen sehnlicher. Doch die wenigsten ahnten, dass genau in diesen Tagen die Weichen für die Zukunft Deutschlands gestellt wurden.

INTRIGEN BRINGEN HITLER AN DIE MACHT

Franz von Papen konnte seine Entlassung nicht verwinden. Es drängte ihn zurück an die Macht. Während Schleicher zwischen den Jahren weiter an seiner „Querfront“ arbeitete – Gregor Strasser war endlich aus Italien zurückgekehrt und Schleicher arrangierte eine Audienz Strassers bei Hindenburg –, hatte Papen über Mittelsmänner Kontakt mit Hitler aufgenommen. Der Kölner Bankier Kurt Freiherr von Schröder, der gute Beziehungen zur Ruhrindustrie hatte und Himmlers SS schon lange finanziell mit einem „Sonderkonto S“ unterstützte, hatte sich hierfür angeboten. Er war schon länger einer der Befürworter einer Regierung unter Beteiligung Hitlers und steht damit für eine kleinere Gruppe von Industriellen, die sich bereits vor der „Machtergreifung“ für Hitler aussprachen.

Kurz vor Silvester vereinbarten Papen und Hitler ein geheimes Treffen im Haus des Bankiers Schröder am 4. Januar 1933. Einige Historiker bezeichnen dieses Ereignis als die „Geburtsstunde des Dritten Reiches“, da Papen und Hitler hier die Grundlagen für die Machtübergabe am 30. Januar legten.

Da man hinter dem Rücken Schleichers an dessen Stuhl sägte, galt höchste Geheimhaltungsstufe. Damit niemand etwas erfuhr, arrangierte man ein Täuschungsmanöver. Am Morgen des 4. Januar 1933 nahm Hitler demonstrativ ein Frühstück in einem vornehmen Bad Godesberger Hotel ein. Bei der Abreise saß jedoch nicht mehr Hitler in seinem luxuriösen Mercedes, sondern ein Doppelgänger – verziert mit einem täuschend echten „Hitler-Bärtchen“. Hitler selbst fuhr zusammen mit Rudolf Heß und Heinrich Himmler unerkannt in einem anderen Auto davon – Ziel war die edle Villa des Bankiers im Stadtwald von Köln.

Doch alle Geheimhaltung nützte nichts. Die Presse hatte von der Sache Wind bekommen. Einem Fotografen gelang es, Papen und Hitler vor dem Eingang der Villa Schröders abzulichten, und am nächsten und übernächsten Morgen prangten diese Fotos auf den Titelblättern der Zeitungen. Der Kanzler a.D. konspirierte also mit Adolf Hitler, um die Ablösung des amtierenden Kanzlers Kurt von Schleicher zu bewirken! Papen bemühte sich in den folgenden Tagen, die Zusammenkunft auf einen Meinungsaustausch über eine nationale Einheitsfront herunterzuspielen. Die Aussprache sei nicht gegen die gegenwärtige Regierung gerichtet gewesen. Wenig später folgte sogar noch eine von Hitler und Papen unterzeichnete Presseerklärung.

Dass hier schon konkrete Bedingungen für eine gemeinsame Machtübernahme ausgekungelt worden waren, sollte erstmal keiner wissen. Doch eine Notiz von Goebbels über eine Unterredung mit Hitler zeigt eher in die gegenteilige Richtung: „Hitler berichtet mir: Papen scharf gegen Schleicher. Will ihn stürzen und ganz beseitigen. Hat noch das Ohr des Alten. Wohnt auch bei ihm. Arrangement mit uns vorbereitet. Entweder die Kanzlerschaft oder Ministerien der Macht: Wehr und Innen. Das lässt sich hören. Schleicher hat keine Auflösungsorder. Auf absteigendem Ast. Sehr argwöhnisch."

Was hatten die beiden Männer also bei ihrer zweistündigen Unterredung besprochen? Während Papen erwartet hatte, dass Hitler dankbar für eine Einbindung in eine Regierung sei, gerierte sich Hitler durchaus als Herr des Gesprächs. Er begründete ausgiebig sein Vorrecht auf die Kanzlerschaft, und als Papen ihm eine gemeinsame Herrschaft vorschlug, lehnte er zunächst ab. Doch im Laufe des Gesprächs wurde ihm klar, dass es Papen mit diesem Vorschlag vor allem darum ging, Hindenburg eine Brücke zu bauen, damit er die Nazis in der Regierung akzeptieren konnte. So zog er diese Möglichkeit zumindest in Erwägung und ließ sich auch auf weitere Gespräche darüber ein. Papen war überzeugt, dass er Hitler nun an der Angel hatte. Doch war es vor allem Hitler, der durch das Gespräch mit Papen aufgewertet wurde und die Regierungsbeteiligung der Nationalsozialisten wieder in greibare Nähe rücken sah. In diesem Sinne notierte Goebbels am 6. Januar 1933 in sein Tagebuch: „Heute: Sensation Hitlers Unterredung mit Papen in Cöln. Die Journaille lügt in ihrer Angst das

Blaue vom Himmel herunter. Schleicher hat Sorgen. Siehe „Tägl. Rundschau". Papen will Schleicher stürzen. Bravo! Da können wir ihn gebrauchen."

Und Auftrieb brauchte die Partei: Schon wieder stand eine Wahl an. Am 15. Januar sollte der Landtag des kleinsten deutschen Flächenstaats, des Freistaats Lippe, gewählt werden. Gerade mal 100 000 Wähler waren hier gefragt. Und doch war es für die Nationalsozialisten ungeheuer wichtig, hier zu reüssieren. Genau zu diesem Zeitpunkt galt es, die Scharte vom 6. November 1932 auszuwetzen – ein Sieg würde die Streitereien in der Partei beenden und nach außen die Trendwende herausstellen. Die NS-Granden gaben sich deshalb beim Wahlkampf in der Provinz die Klinke in die Hand. Hitler selbst sprach auf 16 Großveranstaltungen in dem kleinen Ländchen. Dazu kamen Auftritte von Göring, Goebbels, Frick und dem Hohenzollernprinzen August Wilhelm, genannt „Auwi". Mit Erfolg: Am Wahlsonntag errang die NSDAP eine einfache Mehrheit von 39,6 Prozent im Landtag.

Die NSDAP feierte ihren Sieg ausgiebig. Ihre regionale Zeitung überschrieb ihren Bericht mit den Schlagzeilen „Abtreten, Herr von Schleicher! – Hitler siegt in Lippe! – Gewaltiger nationalsozialistischer Stimmengewinn von 34,7 auf 39,6 v. H. gegen letzte Reichstagswahl". Das gab Rückenwind: Goebbels notiert am 16. Januar ins Tagebuch: „Partei wieder auf dem Vormarsch. Es hat sich also doch gelohnt."

Als Schleicher von dem Gespräch erfuhr, tobte er. Er ließ sich bei Hindenburg melden und verlangte von ihm eine Maßregelung Papens und eine eindeutige Stellungnahme für ihn, Schleicher. Doch Hindenburg hielt Schleicher hin.

Bereits ein paar Tage später wurde Hindenburg von Papen persönlich über das Ergebnis des Gesprächs informiert, dass Hitler sich einer weiteren Regierungsbeteiligung der NSDAP nicht mehr verweigere. Papen unterließ es dabei wohlweislich zu erwähnen, dass Hitler für diesen Fall die Kanzlerschaft fordere. Hindenburg war sehr zufrieden. Papen hatte geschafft, worum sich Schleicher immer noch ergebnislos bemühte! Mitte Januar bekannte schließlich Strasser gegenüber dem

Reichspräsidenten endgültig, dass eine Spaltung der NSDAP unmöglich sei – Schleicher stand auf verlorenem Posten.

Arrangements hinter Schleichers Rücken

Am 17. Januar 1933, zwei Tage nach dem Sieg in Lippe, traf Hitler mit stolzgeschwellter Brust in Berlin ein. Mit seiner gesamten Entourage zog er im Hotel Kaiserhof ein, wo er wie üblich eine ganze Etage für 10 000 Reichsmark in der Woche anmietete. Nun konnte der Poker um die Macht beginnen.

Zunächst versuchte er, sich mit Alfred Hugenberg, dem Vorsitzenden der DNVP, zu arrangieren. Der hatte bislang den sicheren Instinkt, dass Hitler sich in einer rechten Regierung nicht bändigen ließe, und war strikt gegen eine Beteiligung oder gar Kanzlerschaft Hitlers. Zwar unterstrich Hitler auch in diesem Gespräch seine Forderungen, dennoch muss Hugenberg dabei den Eindruck gewonnen haben, dass Hitler doch zu zähmen wäre. Ein Vertrauter Hugenbergs hingegen notierte an diesem Tag: „Wenn Hitler im Sattel sitzt, dann bekommt Hugenberg die Peitsche." Auch bei weiteren Sondierungsgesprächen pokerte Hitler hoch und ging nicht von seiner Forderung auf die Kanzlerschaft ab. Die Zeit spielte für ihn.

Kurt von Schleicher verlor das Vertrauen des Reichspräsidenten mehr und mehr: Weil es dem Kanzler trotz vieler Versprechungen nicht gelungen war, eine parlamentarische Mehrheit für seine Politik zu beschaffen. Weil Schleicher die Veröffentlichungen des Osthilfeskandals nicht verhindert hatte, bei dem es um Unregelmäßigkeiten bei der wirtschaftlichen Unterstützung von Gütern im Osten Preußens ging. Dies betraf sowohl Hindenburg persönlich wie auch viele seiner befreundeten ostpreußischen Gutsbesitzer. Nicht zuletzt, weil auch die engsten politischen Berater Hindenburgs mehr und mehr die Option Papen/Hitler bevorzugten. Allen voran Hindenburgs Sohn Oskar und Staatssekretär Otto Meissner.

Der Osthilfeskandal

In den Tagen vor Schleichers Rücktritt beschäftigte besonders ein Thema die Zeitungen: Der Osthilfeskandal. Am 19. Januar 1933 hatte der Zentrumsabgeordnete Joseph Eresing im Haushaltsausschuss des Reichstags in scharfer Form den Missbrauch von öffentlichen Mitteln für die Sanierung hochverschuldeter Rittergüter in Ostpreußen kritisiert. Hier würden Reichsmittel nicht zur Abdeckung von Schulden, sondern zum Ankauf von Luxusautos und Rennpferden und zu Reisen an die Riviera verwendet. Deshalb müsse das Reich die Rückzahlung der Gelder verlangen. Und er verwies auf einen weiteren Aspekt: Um eine parlamentarische Klärung dieser Frage unmöglich zu machen, würden Großgrundbesitzer die sofortige Auflösung des Reichstags betreiben.

Dieser Vorwurf Eresings und die dahinterstehende Verschwörungstheorie fanden großen Widerhall in der Presse. Besonders pikant war das Thema, weil es in den Wochen zuvor bereits Enthüllungen um Paul von Hindenburg und seinen Freund Elard von Oldenburg-Januschau gegeben hatte, die angeblich bei der Zuteilung von öffentlichen Mitteln für die Förderung der Landwirtschaft in Preußen besonders profitiert hatten.

Und noch ein weiteres Thema wurde in diesem Zusammenhang aufgerollt: Im Oktober 1927 hatte Paul von Hindenburg das alte hindenburgische Stammgut Neudeck, das seine Schwägerin hochverschuldet verkaufen musste, zu seinem 80. Geburtstag von der deutschen Wirtschaft geschenkt bekommen. Die Gelder hatte Elard von Oldenburg-Januschau bei Vertretern des Reichsverbands der Deutschen Industrie und des Reichslandbundes eingesammelt. Dies roch stark nach politischer Beeinflussung.

Darüber hinaus war das Gut zur Vermeidung der Erbschaftssteuer direkt auf den Namen des Hindenburg-Sohnes Oskar von Hindenburg eingetragen worden. Dies war zwar juristisch nicht anfechtbar, doch legte es einen Schatten auf die Integrität Hindenburgs. Man war in der Öffentlichkeit gespannt, ob es in diesem Fall weitere Enthüllungen geben würde. Dass das Thema genau jetzt in der Presse behandelt wurde, schien zumindest kein Zufall, hatte sich Kurt von Schleicher doch Anfang des Jahres mit dem Reichslandbund, der Vertretung der Landwirtschaft, angelegt.

Hindenburg jedenfalls verübelte Kurt von Schleicher, dass er die Veröffentlichungen entweder gar hervorgerufen oder wenigstens nicht verhindert hatte. Seine ostpreußischen Freunde stießen in ebendieses Horn und warfen Kurt von Schleicher „Agrarbolschewismus" vor. Sie ließen an dem amtierenden Reichskanzler ebenfalls kein gutes Haar. Und so dürfte der „Osthilfeskandal", der in der zweiten Januar-Hälfte die Medien beschäftigte, ein weiterer Anstoß gewesen sein, dass Hindenburg Schleicher am 28. Januar 1933 das Vertrauen entzog.

Ein wichtiges Treffen hierfür fand am 22. Januar statt. Als Gastgeber und Vermittler fungierte an diesem Abend Joachim von Ribbentrop, der durch sein Einheiraten in die Sekt-Dynastie Henkell vermögendes Mitglied der guten Gesellschaft Berlins und zugleich ein großer Verehrer Hitlers war. Bei ihm trafen sich am Abend des 22. Januar Franz von Papen, Adolf Hitler und der Sohn des Reichspräsidenten, Oskar von Hindenburg, mit dem Staatssekretär und Hindenburg-Vertrauten Otto Meissner. Nach einem kurzen allgemeinen Gespräch zogen sich Oskar von Hindenburg und Hitler zu einem Vieraugengespräch zurück. Was sie genau gesprochen haben, ist bis heute nicht klar. Doch Oskar von Hindenburg soll auf der Rückfahrt von dem Treffen zu Meissner gesagt haben: „Ich fürchte, wir werden um diesen Hitler nicht herumkommen! Er macht jetzt so viele Konzessionen und gibt so viele feierliche Versprechen, dass man wirklich nicht mehr weiß, wie es zu begründen wäre, wenn man ihn noch immer nicht heranlässt." Immer mehr deutete darauf hin, dass alles auf Papens Regierung der nationalen Konzentration und damit auch auf eine Kanzlerschaft Hitlers zulief.

Am Tag nach dem Geheimtreffen ließ sich Schleicher beim Reichspräsidenten melden. Seine „Querfront"-Idee war gescheitert. Er musste nun alles auf eine Karte setzen und forderte von Hindenburg die Auflösung des Reichstags bis auf Weiteres, ohne Neuwahlen. Schleicher verlangte vom Reichspräsidenten also einen Staatsstreich gegen die Verfassung. Damit verlangte er nun genau das, was zuvor Franz von Papen gefordert hatte. Damals hatte er dessen Vorschlag noch rigoros bekämpft. Noch Anfang Dezember hatte Kurt von Schleicher für diesen Fall das Gespenst des Bürgerkriegs heraufbeschworen. Hindenburg hielt sich zu Schleichers Vorschlag bedeckt. Wahrscheinlich spielte er auf Zeit, denn er hoffte, dass dank Papens Aktivitäten bald eine verfassungskonforme Regierung mit einer Mehrheit zustande kommen würde.

Eifrig versuchte Papen, das neue Kabinett festzuzurren. Hierfür verhandelte er weiter mit Alfred Hugenberg, der sich jedoch noch immer weigerte, Hitler weitreichende Zugeständnisse zu machen, vor allem hinsichtlich der Kanzlerschaft. Dann wieder mit Hitler, der die Kanzlerschaft kompromisslos forderte, dafür aber nur zwei weitere Ministersessel. Als Kompensation wollte er jedoch nun das preußische Innenministerium für seine Partei erhalten. Und schließlich verlangte Hitler für seine „Zugeständnisse" die Reichstagsauflösung, die Hindenburg wie Hugenberg bisher ablehnten, weil sie befürchteten, dass eine Wahl der NSDAP die absolute Mehrheit bringen könnte.

Dem „Noch-Kanzler" Schleicher drohte dagegen die Reichstagssitzung am 31. Januar, in der ein Misstrauensvotum der Parlamentarier gegen ihn zu erwarten war, weil es ihm nicht gelungen war, eine Mehrheit zu bilden. Am 28. Januar forderte er deshalb vom Reichspräsidenten nochmals ultimativ die Genehmigung, den Reichstag aufzulösen, und die Verschiebung der Neuwahlen. Zudem sollte Hindenburg ihn im Rahmen des Staatsnotstandes mit der gesamten vollziehenden Gewalt betrauen. Als ihm der Präsident klarmachte, dass er dies nicht verantworten könne und wolle, zog Kurt von Schleicher die Konsequenz und trat zurück.

Am Abend des 28. Januar fand der Berliner Presseball statt, ein gesellschaftliches Ereignis erster Güte. Vor aller Augen nahm Kurt von Schleicher in der Kanzlerloge Platz. Um Mitternacht verbreitete sich die Meldung, die Regierung Schleicher sei zurückgetreten und Franz von Papen habe den Auftrag zur Regierungsbildung erhalten. Daraufhin richteten sich alle Augen auf den frischgebackenen Ex-Kanzler. Der trat an die Brüstung, hob sein Glas und sagte angeblich laut und vernehmlich: „Na, denn man prost, meine Damen und Herren!“ Im Laufe der Nacht machten erste Gerüchte die Runde, der gestürzte Kanzler wolle sich an die Macht zurückputschen.

Seit Tagen hatte die Presse darüber spekuliert, ob Hindenburg mit Schleicher den Staatsnotstand ausrufen und die Reichstagssitzung vertagen würde. Die SPD nahm dies zum Anlass, für Sonntag, den 29. im Berliner Lustgarten zu einer Massendemonstration unter dem Motto „Berlin bleibt rot!“ aufzurufen. Der *Vorwärts* kommentierte am 26. Januar: „(Die Proklamation des Staatsnotstands) würde auf einen Staatsstreich hinauslaufen, der dem Volk seine verfassungsmäßigen Rechte raubte (...) Ein solcher Staatsstreich würde einen rechtlosen Zustand schaffen, gegen den jeder Widerstand erlaubt und geboten ist.“ Auch das Zentrum opponierte deutlich gegen Ideen dieser Art.

Als Schleicher zurückgetreten war, überschlugen sich die Spekulationen. Ein Kampfkabinett unter der Führung Franz von Papens, eventuell mit der Beteiligung Alfred Hugenbergs, schien die wahrscheinlichste Lösung. Von dieser Seite aus erwartete man noch viel mehr einen Staatsstreich als von Kurt von Schleicher, und zwar durch die dauerhafte Entmachtung des Parlaments. Dies alarmierte alle Seiten. So wandten sich beispielsweise die gewerkschaftlichen Spitzenverbände „in tiefer Sorge über die unser Volk beunruhigenden und bedrohenden politischen Gefahren“ am 28. Januar mit einem Telegramm an den Präsidenten: Die „Berufung einer sozialreaktionären und arbeiterfeindlichen Regierung“ würde von der gesamten deutschen Arbeitnehmerschaft als Herausforderung empfunden. „Die Gewerkschaften erwarten, dass Sie, Herr Reichspräsident, allen unterirdischen Bestrebungen, die auf einen Staatsstreich hinzielen, Ihren entschiedenen Widerstand entgegensetzen und auf einer verfassungsmäßigen Lösung der Krise bestehen.“

Ein autoritäres Minderheitskabinett unter Papen und Hugenberg ohne Rückhalt bei der Bevölkerung war für viele gleichbedeutend mit Staatsstreich und Bürgerkrieg. Dies war für die meisten Parteien und politischen Kommentatoren der schlimmste aller denkbaren Fälle.

Eine Reichsregierung mit Hitler schien den meisten dagegen als das deutlich geringere Übel. Ein solches Kabinett hätte die parlamentarischen Mehrheiten hinter sich gehabt und hätte nicht gegen die Verfassung verstoßen.

Unbeeinträchtigt von allen Spekulationen nutzte indes Franz von Papen nach der Nachricht von Schleichers Rücktritt den Sonntagvormittag des 29. Januar, um die Posten des neuen Kabinetts endgültig zu formieren. Neben dem Kanzleramt für Hitler sollte die NSDAP noch das Innenressort für den NS-Juristen Wilhelm Frick und ein auf Hermann Göring zugeschnittenes Ministerium „ohne Geschäftsbereich" erhalten. Für sich wollte Papen die Vizekanzlerschaft und das Reichskommissariat für Preußen reklamieren. Die weiteren Ressorts sollten Konservative erhalten. Es gelang Papen sogar, mehrere Mitglieder der Regierung Schleicher für die neue Konstellation zu gewinnen, was ihm das Wohlwollen des Reichspräsidenten brachte. Papen hatte das Gefühl, auf diese Weise die Nationalsozialisten in der neuen Regierung erfolgreich an die Kandare genommen zu haben. Darin hatte er sich leider getäuscht, was die kommenden Wochen schnell zeigten.

KAPITEL 4:

Die tatsächliche „Machtergreifung" – Deutschlands Weg in die Diktatur

Noch in der Nacht des 30. Januar 1933 starteten die Nationalsozialisten die ersten Maßnahmen, die das „An-die-Macht-Kommen" Hitlers als Reichskanzler in den folgenden Monaten zur „Machtergreifung" werden ließen. Bis zum Tod Hindenburgs 1934 beseitigten sie alles, was ihrer absoluten Macht entgegenstand. Sie zerschlugen sämtliche demokratischen Strukturen in Staat und Gesellschaft und schalteten alle möglichen Gegner durch Entmachtung, Verfolgung und Mord aus.

VON DER MACHT ZUR ERMÄCHTIGUNG

Bereits am Nachmittag und Abend des 30. Januar 1933 besetzten NSDAP-Vertreter wichtige Positionen in Verwaltung und Politik. Noch in der Nacht des 30. Januar wurde die KPD-Zeitung *Die Rote Fahne* verboten und konfisziert. Vielerorts kam es wegen der aufgeheizten Stimmung zu Zusammenstößen zwischen Rechts und Links. So manche alte Rechnung wurde in dieser und den folgenden Nächten beglichen. Schlägertrupps der SA sprengten Versammlungen und verwüsteten Büros der politischen Gegner. Der Kampf auf der Straße nahm also eher noch einmal zu als ab.

In der Folgezeit wurden in Ministerien und Dienststellen zahlreiche republiktreue Mitarbeiter durch Angestellte mit Parteiabzeichen ausgetauscht. Dies ging bis in die höchsten Ränge – manch ein Polizeipräsident musste seinen Platz räumen. In Vereinen und Verbänden

Hitler in Rednerpose im Fotoatelier Heinrich Hoffmanns. Mit Parteiabzeichen auf dem linken Revers. München, vor August 1927.

gerieten republikanische, linke, jüdische und kommunistische Funktionsträger bald in die Defensive. Mal wurden sie nur zurückgesetzt, mal eingeschüchtert, mal gab es aber auch offene Gewalt gegen sie.

Der Wolf im Schafspelz

Der neue Reichskanzler versuchte den Eindruck zu erwecken, mit all dem nichts zu tun zu haben. Seine erste Rundfunkrede am 1. Februar enthielt ein beruhigendes, an konservativen Werten orientiertes Regierungsprogramm.

Was Hitler tatsächlich vorhatte, offenbarte er nur hinter verschlossenen Türen. Der neue Reichswehrminister Werner von Blomberg organisierte am 3. Februar 1933 eine Zusammenkunft des Kanzlers mit den wichtigsten Befehlshabern in der Wohnung des Chefs der

Heeresleitung, Kurt von Hammerstein-Equord. Bereits dort skizzierte Hitler seine Pläne für einen Eroberungs- und Vernichtungskrieg.

Bei der Sitzung, deren Inhalt in mehreren Fassungen überliefert ist, führte er aus, es wäre zur Rettung des Landes eine großangelegte Siedlungspolitik nötig – der bisherige Lebensraum wäre für das deutsche Volk zu klein. Dazu müssten allerdings zunächst innenpolitisch pazifistisches und demokratisches Gedankengut beseitigt und der Marxismus ausgerottet werden. Ziel sei eine Beseitigung des „Krebsschadens der Demokratie". Nach außen müsse zunächst die Gleichberechtigung Deutschlands erreicht werden, sodann als Voraussetzungen für die Erreichung der weiteren Ziele die Wiederaufrüstung und die Wiedereinführung der allgemeinen Wehrpflicht. Wenn dies gelungen sei, könne man an die weiteren Ziele denken. Und dies sei vor allem die „Eroberung neuen Lebensraums im Osten und dessen rücksichtslose Germanisierung".

In einer anderen Fassung des Hitler'schen Vortrags, die wahrscheinlich durch eine Mitschrift einer der Töchter Kurt von Hammersteins überliefert ist, die mit einem Kommunisten liiert war, ist dies noch deutlicher formuliert: „Ich setze mir eine Frist von sechs bis acht Jahren, um den Marxismus vollständig zu vernichten. Dann wird das Heer fähig sein, eine aktive Außenpolitik zu führen, und das Ziel der Ausweitung des Lebensraums des deutschen Volkes wird auch mit bewaffneter Hand erreicht werden. Das Ziel würde wahrscheinlich der Osten sein. Doch eine Germanisierung der Bevölkerung des annektierten beziehungsweise eroberten Landes ist nicht möglich. Man kann nur Boden germanisieren."

Die anwesenden Militärs nahmen Hitlers Ausführungen laut den Quellen anscheinend wohlwollend zur Kenntnis. Ihnen ging es bei diesem ersten Treffen mit dem neuen nationalsozialistischen Reichskanzler vor allem um das Verhältnis der Reichswehr zur SA, die sich zunehmend als Konkurrenz gerierte. Hier versuchte Hitler die Generäle zu beruhigen, indem er eine Trennung der Aufgabengebiete skizzierte und die Bedeutung der Reichswehr als Stütze des neuen Staates betonte. Mit

Schlüsselwörtern wie „Aufrüstung“, „Wehrhaftmachung“ und „Machtzuwachs“ für das Militär benutzte er genau die Vokabeln, die die Generäle zu hören gehofft hatten.

Die wichtigste Weichenstellung unternahm Hitler gleich in der ersten Kabinettssitzung: Er forderte vom Reichspräsidenten die erneute Auflösung des Reichstags und baldige Neuwahlen, um bis dahin mit Notverordnungen regieren zu können. Während die rechtskonservativen Minister das Parlament nämlich über kurz oder lang gänzlich ignorieren wollten – das Motto hieß „Schluss mit der Schwatzbude!“ – und einen autoritären Staat am Parlament vorbei installieren wollten, hatte Hitler einen anderen Plan: Er wollte seine Herrschaft durch gelenkte Wahlen dauerhaft (schein-)legitimieren und so jeden Widerspruch verstummen lassen. Hindenburg, der ja den offenen Verfassungsbruch schon bisher gescheut hatte, kam diese Strategie gelegen, weshalb er auf das Ansinnen Hitlers nach Parlamentsauflösung und Neuwahlen positiv reagierte: Das Volk solle zur neuen Regierung Stellung nehmen können. Bis dahin hatte Hitler also per Notverordnung freie Hand, den Ausgang der Wahl zu beeinflussen.

Und das tat er bereits am 4. Februar mit der „Verordnung zum Schutz des deutschen Volkes“. Sie ermöglichte unter dem Vorwand, Gefahr abzuwehren, massive Eingriffe in die Presse- und Versammlungsfreiheit. Personen, bei denen lediglich ein Verdacht auf Landes- oder Hochverrat oder eine bewaffnete Störung der öffentlichen Sicherheit bestand, konnten fortan für bis zu drei Monate in Haft genommen werden. Die Verordnung wurde vor allem gegen Kommunisten und Sozialdemokraten angewendet, die dadurch praktisch mundtot gemacht wurden.

Die NSDAP hatte mit Wilhelm Frick und dem kommissarischen preußischen Innenminister Hermann Göring lediglich zwei Ministerposten im Kabinett. Schon bald zeigte sich, dass dies dennoch ein sehr geschickter Schachzug war, weil man mit diesen beiden Posten die Schlüsselpositionen in der Hand hatte: Die NSDAP hatte dadurch nämlich direkten Zugriff auf die Polizei. Die Unterdrückung des Wahlkampfs von Sozialdemokraten und Kommunisten war so ein Leichtes.

Am 17. Februar erließ Göring einen Schießbefehl, der Polizeibeamte unter Androhung strafrechtlicher Folgen dazu anhielt, „dem Treiben staatsfeindlicher Organisationen mit den schärfsten Mitteln entgegenzutreten. Gegen kommunistische Terrorakte und Überfälle ist mit aller Strenge vorzugehen und, wenn nötig, rücksichtslos von der Waffe Gebrauch zu machen. Polizeibeamte, die in Ausübung dieser Pflichten von der Schusswaffe Gebrauch machen, werden ohne Rücksicht auf die Folgen des Schusswaffengebrauchs von mir gedeckt. Wer hingegen in falscher Rücksichtnahme versagt, hat dienststrafrechtliche Folgen zu gewärtigen."

Hitler selbst gab dagegen den Friedlichen. Er mahnte seinen Reichswehrminister Mitte Februar, vorerst auf Forderungen nach einem höheren Budget zu verzichten. Er erkannte, dass er den Wählern zunächst vor allem Erfolge bei der Bekämpfung der Arbeitslosigkeit und der Konjunkturbelebung vorweisen musste.

Ins Zentrum des geplanten Wirtschaftsaufschwungs wollte er das Automobil stellen. Erstmals hielt mit ihm am 11. Februar 1933 ein Kanzler die Eröffnungsrede bei der Internationalen Automobilausstellung. Wo er konnte, redete er von der „Motorisierung des deutschen Volkes", und er kündigte die Erweiterung des Straßennetzes und den Bau von Autobahnen an. Er griff dabei auf Pläne zurück, die längst in den Schubladen der Ministerien und der Automobillobby lagen und bisher nur wegen der schweren Wirtschaftskrise nicht zum Einsatz gekommen waren.

Darüber hinaus erntete Hitler in dieser Zeit auch die ersten Früchte, die auf Arbeitsbeschaffungsmaßnahmen und Programme zurückgingen, die Kurt von Schleicher in die Wege geleitet hatte.

Von den Kabinettskollegen, die Hitler bei seiner Machtübernahme noch hatten zähmen wollen, war zu dieser Zeit kaum etwas zu sehen. Die konservativen Minister trugen die Maßnahmen Hitlers mit. Die Demontage der Weimarer Verfassung und die Zerschlagung der linken und demokratischen Gegner lagen ganz auf ihrer Linie. Und auch der Reichspräsident nahm Hitler nicht an die Leine. Die Idee der nationalen

Einigung, die Hitler propagierte, entsprach ganz seinen Vorstellungen. Auch andere Institutionen – Kirchen, Justiz, Vereine oder Verbände –, die sich vielleicht noch hätten wehren können, blieben weitgehend still.

Der Reichstagsbrand – die Republik steht in Flammen

Ein weiteres Ereignis spielte den Nationalsozialisten in die Hände: Am Abend des 27. Februar 1933 stand der Reichstag in Flammen. Als noch am Tatort der holländische Kommunist Marinus van der Lubbe festgenommen wurde, bot sich den Nationalsozialisten die ideale Gelegenheit, sich die uneingeschränkte Macht zu verschaffen. Bis heute ist nicht vollständig geklärt, ob Marinus van der Lubbe tatsächlich der Täter war und ob er Helfer oder Hintermänner hatte. Entscheidend ist jedoch, dass bereits am folgenden Tag die von Reichspräsident Hindenburg auf Kabinettsbeschluss erlassene „Verordnung zum Schutz von Volk und Staat“, die sogenannte Reichstagsbrandverordnung, in Kraft trat, die die Grundrechte der Weimarer Verfassung de facto außer Kraft setzte. Damit war im Prinzip der permanente Ausnahmezustand erklärt und die Verfolgung und Terrorisierung der politischen Gegner legalisiert. Politische Gegner konnten von nun an ohne Anklage und Beweise in gerichtlich nicht kontrollierbare „Schutzhaft“ genommen werden.

Paragraph zwei der Verordnung erlaubte der Reichsregierung überdies Eingriffe in die Länderrechte. Damit erhielten die Beseitigung bundesstaatlicher Strukturen und die zeitgleich einsetzende Gleichschaltung der Länder eine rechtliche Legitimation. Die Ausnahmeverordnung blieb bis zum Ende des Zweiten Weltkriegs als rechtliche Grundlage des Staatsterrors bestehen.

Der Reichstag brennt

Am späten Abend des 27. Februar brannte der Reichstag in Berlin lichterloh. Das Feuer zerstörte Teile des Plenarsaals und der darüberliegenden Kuppel. Für die Nationalsozialisten lag damit ein Symbol des verhassten Parlamentarismus und der ungeliebten Demokratie der Weimarer Republik in Schutt und Asche. Für Demokraten war die Zerstörung des parlamentarischen Gebäudes ein Zeichen der untergehenden Republik.

Am Tatort wurde der 24-jährige holländische Kommunist Marinus van der Lubbe festgenommen. Bereitwillig gestand er nach seiner Verhaftung die Beweggründe seiner Tat. Er erklärte, die Brandstiftung unternommen zu haben, um die deutsche Arbeiterschaft zum Widerstand gegen das faschistische NS-Regime aufzurufen. Und er erklärte, die Tat alleine begangen zu haben.

Bis heute ist nicht eindeutig geklärt, ob Marinus van der Lubbe tatsächlich der Täter war, oder ob er nicht vielleicht Helfer oder Hintermänner hatte. Die Nationalsozialisten versuchten, den Brandstifter als Vorhut einer von den Kommunisten angezettelten Verschwörung darzustellen. Den Fraktionsvorsitzenden der KPD, Ernst Torgler, beschuldigten sie der Anstiftung des Komplotts, woraufhin er am 28. Februar in Gewahrsam genommen wurde. Darüber hinaus wurden fünf Tage nach dem Brand drei Bulgaren, unter ihnen der Leiter des Berliner Büros der Komintern Georgi Dimitroff, verhaftet, und des versuchten Staatsstreichs sowie der Mittäterschaft bei der Brandstiftung an einem öffentlichen Gebäude angeklagt.

Den Nationalsozialisten kam der Brand in ihrem Kampf gegen die Kommunisten dabei derart gelegen, dass bereits am Tag danach der Verdacht aufkam, sie hätten den Brand selbst gelegt. Da sich das Feuer an weit außeinanderliegenden Stellen des Reichstags ausbreitete, wird bis heute immer wieder angezweifelt, dass Marinus van der Lubbe bei seiner Tat alleine war. Immer wieder wird vermutet, dass die Nationalsozialisten den Täter bei seiner Tat unterstützt haben könnten. Da jedoch die Prozessunterlagen schon während des Dritten Reichs beiseitegeschafft wurden, konnten die wahren Hintergründe bis jetzt nicht eindeutig geklärt werden.

Am 21. September wurde der Reichstagsbrandprozess vor dem Reichsgericht in Leipzig eröffnet. 125 Journalisten aus aller Welt berichteten von dort. In der Verhandlung traten die Schwachstellen der Theorie von der kommunistischen Verschwörung zutage. Dimitroff, der sich selbst verteidigte, bot den Anklägern die Stirn und konnte die Vorwürfe rhetorisch geschickt entkräften. Marinus van der Lubbe, der im Gefängnis gefoltert worden war, wirkte dagegen apathisch, antwortete einsilbig und untermauerte so das Bild eines manipulierbaren Werkzeugs. Am 23. Dezember fällte das Gericht sein Urteil: Torgler und die drei Bulgaren wurden aus Mangel an Beweisen freigesprochen, van der Lubbe wegen „Hochverrat in Tateinheit mit vorsätzlicher Brandstiftung" zum Tode verurteilt. Er wurde am 10. Januar 1934 in Leipzig hingerichtet.

Ob van der Lubbe nun ein Alleintäter war, ob er Helfer hatte und aus welchem Lager sie waren, verliert vor dem Hintergrund dessen, was danach geschah, an Bedeutung: Die einen Tag nach der Tat erlassene „Verordnung zum Schutz von Volk und Staat", die sogenannte Reichstagsbrandverordnung, legte die rechtlichen Grundlagen für staatlichen Terror und die Verfolgung politischer Gegner. Von nun an waren alle Gegner des Nationalsozialismus dem System hilflos ausgeliefert.

Unter diesem Eindruck fanden am 5. März 1933 die letzten „halbfreien" Wahlen in Deutschland statt. An ihnen konnten die beiden Parteien der politischen Linken, die KPD und die SPD, aufgrund der Verfolgungen, die durch die Reichstagsbrandverordnung legitimiert war, schon nicht mehr regulär teilnehmen. Das Ausnahmegesetz „zur Abwehr kommunistischer staatsgefährdender Gewaltakte" blieb bis zum Ende des Zweiten Weltkriegs in Kraft.

Den Nationalsozialisten kam die Gelegenheit wie gerufen. Sie versuchten, den Brand als Initialzündung einer kommunistischen Verschwörung darzustellen. Noch in der Nacht veranlasste Hitler die Verhaftung von Tausenden kommunistischen Abgeordneten und Funktionären und das Verbot der kommunistischen und sozialdemokratischen Presse. Zu „Hilfspolizisten" ernannte SA- und SS-Männer machten Jagd auf Kommunisten und beglichen dabei oft alte Rechnungen. Viele wurden schon bei der „Verhaftung" krankenhausreif geprügelt. Innerhalb der nächsten Wochen wurden Zehntausende Oppositionelle in „Schutzhaft" genommen und in improvisierte Konzentrationslager verschleppt. Zunächst richteten sich die Repressalien gegen die KPD, bald schon betrafen sie aber auch SPD und Zentrum. Dass die Verfolgungen so schnell und gründlich einsetzen konnten, lag daran, dass die Nationalsozialisten seit Jahren Listen mit unliebsamen Personen geführt hatten, die immer auf dem neuesten Stand gehalten wurden.

Vier Wochen nachdem Hitler Reichskanzler geworden war, hatte er sich also aller „Einrahmungen" entledigt. Das Herz der Weimarer

Brand des Reichstagsgebäudes am 27. Februar 1933. Es wird in der Nacht vom 27. auf den 28. Februar durch Brandstiftung größtenteils zerstört.

Verfassung hatte aufgehört zu schlagen. Von nun an war die Hitler-Herrschaft eine Diktatur – der Form nach allerdings legal herbeigeführt. Der brennende Reichstag, ein Symbol für Parlamentarismus und Demokratie, war das Fanal der untergehenden Weimarer Republik.

Wahlen im Klima der Angst

In diesem Klima der gesetzlich legitimierten Rechtsunsicherheit und des offenen Staatsterrors fanden am 5. März 1933 die letzten „halbfreien" Wahlen im Deutschen Reich statt. Die KPD und die SPD konnten an ihnen schon nicht mehr regulär teilnehmen. Zwar war die KPD noch nicht offiziell verboten, sie konnte aber aufgrund der zahlreichen Einschränkungen keinen Wahlkampf mehr betreiben. Der Wahlsonntag wurde von den Nationalsozialisten zum „Tag der erwachenden Nation" stilisiert. Goebbels hatte ein Stakkato von Massenkundgebungen, Wahlkampfauftritten Hitlers und Paraden in ganz Deutschland organisiert. SA- und SS-Trupps patrouillierten durch die Straßen, und ältere Leute und Gehbehinderte wurden durch NSDAP-Fahrdienste zu den Wahllokalen gebracht.

Trotz des Terrors und massiver Propaganda errangen die Nationalsozialisten nur 43,9 Prozent der abgegebenen Stimmen. Die Regierungskoalition aus Nazis und Deutschnationalen bekam insgesamt 51,9 Prozent. Eine äußerst knappe Mehrheit. Die Nationalsozialisten waren enttäuscht. Nun werde man „die Bande" – gemeint waren Papen und Hugenberg – also doch noch nicht los, soll Hitler gegrollt haben.

Angesichts der massiven Repressalien ist es bemerkenswert, dass SPD und KPD mit 18,3 bzw. 12,3 Prozent immer noch annähernd ein Drittel der Stimmen erhalten hatten. Das Zentrum errang 11,2 Prozent der Wählerstimmen. Die außergewöhnlich hohe Wahlbeteiligung von 88,8 Prozent – sie ist im Vergleich zu den vorigen Wahlen rund 5 bis 8 Prozentpunkte höher – zeigt, dass diese Wahl die Wähler ausgesprochen mobilisiert hat.

Die Ausschaltung der Länder als Machtfaktor

Die Länderregierungen im Reich befanden sich mehrheitlich noch nicht in nationalsozialistischer Hand. Gegen sie richtete sich direkt nach der Wahl der nächste Akt der Ausschaltung von Gegnern oder, wie es die Nationalsozialisten nannten, der „Gleichschaltung". Die Gleichschaltung von Staat und Gesellschaft, die sich in den nächsten Monaten noch in vielen weiteren Bereichen manifestieren sollte, war dabei meist von oben befohlen, erfolgte vielfach aber auch freiwillig oder im vorauseilenden Gehorsam. Der Sog der nationalsozialistischen „Revolution" machte oft sogar ein aktives Eingreifen der Nazis unnötig.

Die Gleichschaltung der Länder begann bereits am Wahlabend in Hamburg. Siegestrunkene SA-Einheiten besetzten das Rathaus, hissten die Hakenkreuzflagge und forderten die Einsetzung eines nationalsozialistischen Polizeipräsidenten. Der Senat weigerte sich, dem zuzustimmen. Daraufhin setzte Reichsinnenminister Wilhelm Frick unter Feststellung der vorgeblich gestörten öffentlichen Ruhe und Ordnung auf der Grundlage des Artikels 2 der Reichstagsbrandverordnung einen Reichskommissar für die Hamburger Polizei ein. Aus Protest trat daraufhin der Senat zurück – Hamburg war führungslos und hilflos der neuen Macht ausgeliefert. Die neue Koalitionsregierung aus Liberalen, DNVP und NSDAP schwenkte auf Reichslinie ein. Hamburg war „gleichgeschaltet". In ähnlicher Weise – im Wechselspiel von revolutionären SA-Aktionen und scheinlegalen Verwaltungsakten der Reichsregierung – fielen daraufhin weitere Hansestädte und Länder wie Hessen, Württemberg oder Sachsen.

Ein Widerstandsnest hielt sich bis zuletzt – Bayern. Der dortige Ministerpräsident Heinrich Held von der Bayerischen Volkspartei (BVP) hatte noch Anfang März überlegt, die Reichswehr gegen die randalierende SA einzusetzen. Dies scheiterte an der Reichswehrführung in Berlin, die die Reichswehr aus der Innenpolitik heraushalten wollte. Am 9. März erklärte Innenminister Frick Held dann einfach für abgesetzt und bestellte den Freikorpsführer und Altnazi Franz Ritter von Epp zum Reichskommissar für Bayern. Als Held bei Hindenburg gegen diese Maßnahme intervenieren wollte, wurde er nicht einmal mehr empfangen.

Mit diesem Schlag war die Gleichschaltung der Länder noch vor dem Zusammentreten des neugewählten Parlaments im Reich vollendet. Bei einem Besuch am 12. März in München stellte Hitler fest: Die Gleichschaltung des „politischen Willens der Länder" mit dem „politischen Willen der Nation" sei nun vollzogen. Endgültig fixiert wurde die Gleichschaltung der Länder durch das Gleichschaltungsgesetz vom 7. April 1933, das elf Reichsstatthalter installierte, die auf Vorschlag des Reichskanzlers durch den Reichspräsidenten ernannten wurden.

Wilde und offizielle Konzentrationslager entstehen

Nach der Reichstagswahl vom 5. März 1933 verschärfte sich der SA-Terror noch einmal. Die Aktionen der Schlägertrupps richteten sich in besonderem Maße gegen Kommunisten, Sozialdemokraten und Einrichtungen der Parteien und der Gewerkschaften. Lange aufgestauter Hass, aber einfach auch nur Habgier und kriminelle Energie brachen sich Bahn. Die SA-Schläger waren mit dem Verlauf der Machtübernahme keineswegs zufrieden. Sie hatten sich die „Machtergreifung" Hitlers anders vorgestellt. Ein Hitler, der im Anzug mit Baronen und Adligen verkehrte und sich bürgerlich gab, entsprach nicht ihrem Verständnis von „nationaler Erhebung", für die sie die letzten Jahre auf der Straße gekämpft hatten. Hitler, dem dies durchaus bewusst war, ließ deshalb den Plünderungen und Zerstörungen der SA freien Lauf. Als Drohung gegen jede Art von Widerstand waren sie ihm durchaus recht.

Und gab es in dieser Zeit neben dem staatlich organisierten zusätzlich eine Art „wilden", staatlich tolerierten Terror. Rund 25 000 „Schutzhäftlinge" sind bis Ende April 1933 polizeilich registriert. Darüber hinaus wurden jedoch Tausende – Schätzungen gehen von 45 000 aus – in improvisierte SA-Keller verbracht und dort Misshandlungen jeder Art ausgesetzt. In sogenannten „wilden“ oder „frühen“ Konzentrationslagern wie etwa dem ehemaligen Gefängnis Sonnenburg bei Küstrin wurden missliebige Personen gefoltert und gequält.

Dazu kam noch im März 1933 das erste systematisch eingerichtete und auf Dauer angelegte Lager. Am 20. März, dem Vortag der Reichstagseröffnung, wurde bei einer Pressekonferenz die Errichtung des Konzentrationslagers Dachau öffentlich bekannt gemacht. Heinrich Himmler, der „Reichsführer SS“ und seit der Gleichschaltung Bayerns Polizeipräsident von München, verkündete die Eröffnung des Lagers mit einer Aufnahmekapazität von 5.000 Häftlingen. Nach Himmlers Worten sollten dort vor allem Kommunisten untergebracht werden. Es sei nicht möglich, diese auf Dauer in den Gerichtsgefängnissen zu halten, aber auch nicht, sie freizulassen.

Man versuchte die Existenz des Lagers also keineswegs geheim zu halten. Zeitungen berichteten immer wieder aus Dachau und anderen Lagern. Der Satz „Sei still, sonst kommst Du nach Dachau!“ war ein geflügeltes Wort, nicht nur im Umland von München. Durch die bloße Existenz der Konzentrationslager wurde die kritische Bevölkerung eingeschüchtert und zum Schweigen gebracht.

Die ersten Gefangenen trafen bereits am 22. März 1933 in Dachau ein. Zu den ersten Morden kam es am 12. April. Als erstes offizielles und ab Mitte April 1933 von der SS geführtes Konzentrationslager wurde Dachau mit seiner Organisationsstruktur Vorbild für die weiteren Konzentrationslager im Reich. Es diente auch als Ausbildungslager für SS-Wachmannschaften und existierte von allen Konzentrationslagern am längsten – erst am 29. April 1945 wurde es von der amerikanischen Armee befreit. Dachau war immer ein „politisches Lager“, hier wurden unter anderem Nazi-Gegner, Widerstandskämpfer, Politiker, Juden, Kirchenvertreter, Zeugen Jehovas, Homosexuelle sowie Sinti und Roma gefangen gehalten. Mindestens 200 000 Menschen waren von 1933 bis 1945 in Dachau eingekerkert, über 40 000 von ihnen starben in dieser Zeit.

Der „Tag von Potsdam" – Verneigung vor Hindenburg und den Konservativen

Ganz im Gegensatz zu diesem Terror in Hinterzimmern und Konzentrationslagern inszenierte sich Adolf Hitler in der Öffentlichkeit als feiner Mann und seriöser Politiker. Das Meisterstück hierfür lieferte Joseph Goebbels, der am 13. März zum Reichsminister für Volksaufklärung und Propaganda ernannt worden war, mit der Inszenierung des „Tags von Potsdam" am 21. März 1933. Gleich nach dem Reichstagsbrand hatte Hitler die Idee, die Eröffnung des neugewählten Parlaments in Potsdam stattfinden zu lassen. Ihm war klar, wie sehr er mit einer Referenz an die alten preußischen Traditionen beim Reichspräsidenten und den bürgerlich-konservativen Eliten punkten konnte. Allerdings war in Potsdam nur die Garnisonskirche für einen Festakt mit 600 Abgeordneten geeignet. In dieser Kirche waren einst die preußischen Garderegimenter vereidigt worden, in ihr hatten die Friedens- und Siegesfeiern der Hohenzollern stattgefunden und sie beherbergte die Sarkophage des Soldatenkönigs Friedrich Wilhelm I. und Friedrichs des Großen.

Um die Kirche nicht zu entweihen, einigte man sich auf eine Dreiteilung des Festakts. Zunächst sollten nach Konfessionen getrennte Gottesdienste gehalten werden, dann eine kurze Eröffnungszeremonie in der Garnisonskirche stattfinden und schließlich die ersten Beratungen des Parlaments an einem anderen Ort durchgeführt werden.

Goebbels inszenierte diese Begegnung des „alten" mit dem „neuen" Deutschland am Grab Friedrichs des Großen filmreif. Der gemeinsame Auftritt des dynamischen Kanzlers Hitlers mit dem greisen Nationalsymbol Hindenburg ließ die beiden Traditionslinien verschmelzen. Das Bild vom Händedruck Hitlers und Hindenburgs vor der Garnisonskirche, bei dem sich Hitler staatsmännisch im Anzug tief vor dem Nationalsymbol in kaiserlicher Generalfeldmarschallsuniform verbeugte, ging um die Welt. Es war ein Händedruck, der die neugewonnene nationale Einheit zu symbolisieren schien. Auch

„Tag von Potsdam“: Eröffnung des Reichstages durch einen Staatsakt in der Potsdamer Garnisonskirche am 21. März 1933: Reichskanzler Adolf Hitler verabschiedet sich vor der Garnisonskirche vom Reichspräsidenten Paul von Hindenburg.

bei ihren Eröffnungsreden beschworen Hindenburg und Hitler ebendiese nationale Einheit und feierten die „nationale Wiedergeburt“.

Den Rest des Tages überließ Hitler dann Hindenburg, der nach dem Festakt eine stundenlange Parade abhielt. Reichswehr, SA, Stahlhelm, Hitlerjugend und Bund Deutscher Mädel marschierten an Hindenburg vorbei, der die Kolonnen mit unendlicher Ausdauer durch Heben und Senken seines Marschallstabes grüßte.

Die Strategie ging auf: Die Beteiligten wie auch in- und ausländische Beobachter waren beeindruckt. Per Rundfunkübertragung und Zeitungen verbreitet, bewegte die Inszenierung auch diejenigen, die nicht daran teilnehmen genommen hatten. In Aufmärschen, Feldgottesdiensten, mit Glockengeläut und Ansprachen wurde die Feier vielerorts nachvollzogen. Das nationale deutsche Bürgertum atmete auf, denn durch die Verbeugung vor dem preußischen Erbe schienen die hässlichen Begleiterscheinungen der „nationalen Erhebung" zu verblassen. Nur wenige konnten sich diesem suggestiven Bild entziehen.

Auch im Verhältnis zwischen Hindenburg und Hitler trat nach diesem Tag eine Veränderung ein: Kurze Zeit später hatte Hitler auch ohne den lästigen Begleiter Franz von Papen direkten Zugang zu Hindenburg. Nach dem Tag von Potsdam wurde die Beziehung für Hindenburg, der Hitler früher als „böhmischen Gefreiten" geschmäht hatte, immer mehr zu einer Herzensangelegenheit. Immer öfter überließ er „seinem Kanzler", wie er ihn ab jetzt häufiger nannte, das Feld.

Das Ermächtigungsgesetz – das Parlament schaltet sich aus

Zwei Tage später hatte sich die militärisch-preußische Szenerie völlig verändert. Bei der ersten Arbeitssitzung des Parlaments bestimmten statt der Uniformen wieder die Braunhemden der SA das Bild – Hitler hatte seinen Anzug wieder gegen die Parteiuniform getauscht, und das Hakenkreuz stand im Mittelpunkt. Die als Ausweichquartier benutzte Kroll-Oper in der Nähe des Reichstags war von SA- und SS-Männern umstellt, die ankommende Parlamentarier – soweit sie nicht Nationalsozialisten waren – einschüchterten und bedrohten.

Da die Nationalsozialisten immer noch nicht die absolute Mehrheit im Reichstag errungen hatten und Gesetze weiterhin nur durch das Parlament oder den Reichspräsidenten per Notverordnung erlassen werden konnten, hatten sie ein Ermächtigungsgesetz vorgelegt. Mit diesem „Gesetz zur Behebung der Not von Volk und Reich" sollte das Parlament die Regierung zum alleinigen Gesetzgeber machen, es zum Gesetzgeber „ermächtigen".

Das Ermächtigungsgesetz – der Reichstag gibt seine Macht in Hitlers Hände

Gesetz zur Behebung der Not von Volk und Reich (Ermächtigungsgesetz) vom 24.3.1933

Der Reichstag hat das folgende Gesetz beschlossen, das mit Zustimmung des Reichsrats hiermit verkündet wird, nachdem festgestellt ist, dass die Erfordernisse verfassungsändernder Gesetzgebung erfüllt sind:

Art. 1. Reichsgesetze können außer in dem in der Reichsverfassung vorgesehenen Verfahren auch durch die Reichsregierung beschlossen werden. ( )

Art. 2. Die von der Reichsregierung beschlossenen Reichsgesetze können von der Reichsverfassung abweichen, soweit sie nicht die Einrichtung des Reichstags und des Reichsrats als solche zum Gegenstand haben. Die Rechte des Reichspräsidenten bleiben unberührt.

Art. 3. Die von der Reichsregierung beschlossenen Reichsgesetze werden vom Reichskanzler ausgefertigt und im Reichsgesetzblatt verkündet. Sie treten, soweit sie nichts anderes bestimmen, mit dem auf die Verkündung folgenden Tage in Kraft. ( )

Art. 4. Verträge des Reichs mit fremden Staaten, die sich auf Gegenstände der Reichsgesetzgebung beziehen, bedürfen nicht der Zustimmung der an der Gesetzgebung beteiligten Körperschaften. Die Reichsregierung erlässt die zur Durchführung dieser Verträge erforderlichen Vorschriften.

ßArt. 5. Dieses Gesetz tritt mit dem Tage seiner Verkündung in Kraft. Es tritt mit dem 1. April 1937 außer Kraft; es tritt ferner außer Kraft, wenn die gegenwärtige Reichsregierung durch eine andere abgelöst wird.

Zitiert nach: Wolfgang Michalka (Hg.), Das Dritte Reich. Dokumente zur Innen- und Außenpolitik, Band 1, München 1985, S. 35.

Um für das Ermächtigungsgesetz die für Verfassungsänderungen nötige doppelte Zweidrittelmehrheit der Anwesenden und der Stimmen zu erreichen, musste sich Hitler einiger Tricks bedienen. So waren die

81 gewählten KPD-Abgeordneten rechtswidrig gar nicht erst eingeladen worden. Ihre Mandate waren auf Basis der Reichstagsbrandverordnung bereits am 8. März 1933 annulliert worden. 26 SPD-Abgeordnete waren bereits in Haft oder lebten in der Illegalität. Durch eine Geschäftsordnungsauslegung wurden nun die unentschuldigt fehlenden oder ausgeschlossenen Abgeordneten als anwesend gerechnet, so dass hieraus keine Verzögerung entstehen konnte.

Da man von den anwesenden SPD-Abgeordneten keine Zustimmung erwartete, hing rechnerisch nun alles von den 32 Stimmen der kleineren Parteien, insbesondere des Zentrums und der BVP, ab. Deshalb konzentrierte Hitler sich darauf, das Zentrum für das Gesetz zu gewinnen. In Gesprächen stellte Hitler in Aussicht, dass die Rechte der Kirchen nicht beschnitten werden sollten. Dies führte die Zentrumsfraktion in eine innere Zerreißprobe. Während eine Minderheit um Heinrich Brüning und Adam Stegerwald vor einer Zustimmung warnte, setzte sich am Ende der Parteivorsitzende Prälat Ludwig Kaas durch, ein Verfechter einer autoritären nationalen Sammlungsbewegung. Seine Argumente waren vor allem die Sorge vor einem erneuten Kulturkampf sowie die Tatsache, dass ein „Nein“ nichts an der politischen Wirklichkeit der Alleinherrschaft Hitlers ändern würde. Die Parteimitglieder verließen sich auf die Zusagen Hitlers, die bestehenden Konkordate weiterhin anzuerkennen und den christlichen Einfluss auf die Schulen zu respektieren. Um „Schlimmeres“ wie etwa die Zerschlagung des katholischen Verbandswesens zu verhindern, verschloss man lieber die Augen vor der Wortbrüchigkeit der Nationalsozialisten. Schließlich einigte man sich auf ein sogenanntes „entpersönlichtes Votum“ – nicht der Einzelne sollte entscheiden, sondern die Fraktion als Ganzes sollte das Votum der Mehrheit mittragen.

Auch die auf fünf Abgeordnete zusammengeschmolzene liberale Deutsche Staatspartei (DStP) mit Theodor Heuss rang lange und heftig, entschied sich aber am Ende ebenfalls für eine Zustimmung.

Dies belegt die Wehrlosigkeit und Schwäche der verbliebenen

Parteien, die angesichts der Bedrohung von Leib und Leben, der Gefährdung der Parteiarbeit, der heraufbeschworenen Gefahr eines Bürgerkriegs und nicht zuletzt einer Welle von nationaler Begeisterung in der Bevölkerung letztendlich ihrer Selbstausschaltung zustimmten.

Allein die SPD riskierte in diesem entscheidenden letzten Moment den Widerspruch: Der Parteivorsitzende Otto Wels wagte es, in dem Hexenkessel der Kroll-Oper, unter drohenden Blicken und Einwürfen der SA-Anhänger, die Ablehnung seiner Partei zu erläutern. Er bekannte sich in seiner Rede zu Demokratie und Rechtsstaatlichkeit – auf Gewalt und Unrecht lasse sich keine Volksgemeinschaft gründen. „Freiheit und Leben kann man uns nehmen, die Ehre nicht!“, rief er mutig aus. Die machtpolitische Tatsache der NS-Herrschaft müsse seine Partei anerkennen, ihr bliebe der Appell an das Rechtsbewusstsein des Volkes. Otto Wels schloss: „Wir grüßen die Verfolgten und Bedrängten. Wir grüßen unsere Freunde im Reich. Ihre Standhaftigkeit und Treue verdienen Bewunderung. Ihr Bekennermut, ihre ungebrochene Zuversicht verbürgen eine hellere Zukunft.“

Empört stürzte Hitler ans Redepult und steigerte sich in seiner Replik in eine Schimpftirade hinein. Er bestritt der SPD jeden Anspruch auf die Vertretung nationaler und sozialer Interessen sowie das Gefühl für nationale Ehre und wirkliches Rechtsempfinden. Und er gab zu erkennen, was er vorhatte: Die Sozialdemokraten seien wehleidig, wenn sie „jetzt schon“ von Verfolgungen sprächen. „Auch ihre Stunde hat geschlagen, und nur weil wir Deutschland sehen und seine Not und die Notwendigkeit des nationalen Lebens, appellieren wir in dieser Stunde an den Deutschen Reichstag, uns zu genehmigen, was wir ohnedem hätten nehmen können.“ Er werde nicht den Fehler machen, seine Gegner nur zu reizen, statt sie zu vernichten oder zu versöhnen. Er schloss damit, dass er gar keine SPD-Stimmen für das Ermächtigungsgesetz wolle: „Deutschland soll frei werden, aber nicht durch Sie!“

Die Abstimmung endete schließlich mit 444 Ja-Stimmen zum Gesetz, gegenüber den 94 Nein-Stimmen der SPD-Fraktion. Das zunächst auf vier Jahre verabschiedete Ermächtigungsgesetz wurde 1937, 1939 und 1943 verlängert und blieb bis zum Ende des NS-Regimes im Mai 1945 rechtliche Grundlage deutscher Gesetzgebung.

Das Ermächtigungsgesetz stellt einen weiteren wichtigen Meilenstein der „Machtergreifung" dar. Erneut auf nach außen hin legalem Wege hatte sich Hitler mit dem Parlament eines weiteren wichtigen Gegners über Jahre hinaus entledigt. Der Anschein der Legalität war Hitler ungemein wichtig, weil er damit die noch zweifelnden Mitläufer nicht vor den Kopf schlug. Er war nun in der Gesetzgebung unabhängig von Parlament, Reichspräsident und seinen deutschnationalen Partnern. Gerade einmal zwei Monate hatte Hitler gebraucht, um sich seiner konservativen „Bändiger" zu entledigen.

DER NATIONALSOZIALISMUS SETZT SICH DURCH

Mit dem Ermächtigungsgesetz hatten die Nationalsozialisten die vollständige Regierungsgewalt errungen. Von nun an galt es, die nationalsozialistische Herrschaft im breiten Volk zu verankern. Hierfür wurden gemeinsame Feindbilder propagiert, und die alten Strukturen, aus denen noch Widerspruch hätte kommen können, wurden zerschlagen. An deren Stelle trat nun die Volksgemeinschaft. Sie wurde mit großem propagandistischem Aufwand eingeführt und umfasste bald die gesamte Lebenswirklichkeit der Menschen. Weitere Aktionen folgten, die das Ziel hatten, die Macht zu festigen.

Der Terror gegen Juden beginnt

Schon in den ersten Wochen nach Hitlers Machtantritt als Kanzler hatten sich die Gewaltaktionen der Nationalsozialisten immer wieder gegen jüdische Bürger gerichtet. Hier tobte sich der Antisemitismus aus, der in der nationalsozialistischen Weltanschauung grundlegend enthalten ist, aber auch in der breiten Bevölkerung latent vorhanden war. Nach der Märzwahl steigerte sich die Zahl der antisemitischen Gewalttaten noch einmal – Überfälle auf Juden oder jüdische Einrichtungen waren an der Tagesordnung.

Ende März initiierte Hitler einen staatlich gelenkten „Boykott" gegen Juden. Einen Vorwand dafür fand man in angeblich übertriebenen negativen Berichten ausländischer Zeitungen zu den Gewaltaktionen gegen die Juden, für die man das „internationale Judentum" verantwortlich machte. Darüber hinaus gab es erste Boykotte deutscher Waren im Ausland. Als Urheber der „antijüdischen Gräuelpropaganda" und der „Boykotthetze" wurden die Juden ausgemacht.

Auf Befehl Hitlers lancierte Julius Streicher als Leiter eines eilig gebildeten „Zentralkomitees zur Abwehr der jüdischen Gräuel- und Boykotthetze" gemeinsam mit Goebbels als Propagandist den Boykott. Sämtliche Ortsgruppen wurden aufgefordert, den Boykott jüdischer Geschäfte, jüdischer Waren, jüdischer Ärzte und jüdischer Rechtsanwälte vor Ort zu organisieren.

Der Boykott wurde landesweit am 1. April durchgeführt. Vor jüdischen Geschäften sowie Arztpraxen und Kanzleien standen SA-Mitglieder mit Schildern: „Kauf nicht bei Juden!" Mancherorts wurden auch Geschäfte geplündert und deren Besitzer misshandelt. Die Bevölkerung reagierte unterschiedlich. Teils machte sie mit, teils verhielt sie sich reserviert. An vielen Orten wurden die Boykottaufrufe auch einfach ignoriert. So tadelte der *Völkische Beobachter* „die Unvernunft eines Teils des Publikums", das in München einen wahren Käufersturm auf jüdische Läden ausgelöst habe. Mit dem Judenboykott vom 1. April war der Startschuss für weitere Maßnahmen gegeben, die darauf abzielten, die jüdischen Bürger aus der deutschen „Volksgemeinschaft" auszuschließen.

Bereits am 7. April wurde das „Gesetz zur Wiederherstellung des Berufsbeamtentums" erlassen, das die Entfernung von Juden und politischen Gegnern aus dem Staatsdienst ermöglichte. Ähnliche Gesetze

„Deutsche wehrt Euch! Kauft nicht bei Juden!“: Boykott jüdischer Geschäfte.

folgten bald auch für weitere Berufsgruppen, so das „Gesetz über die Zulassung von Rechtsanwaltschaft“ vom 11. April für die Justizberufe. Am 22. April entzog eine Verordnung des Reichsarbeitsministeriums jüdischen und kommunistischen Ärzten die Zulassung. Und am 25. April führte man Quoten für jüdische Schüler und Studenten ein. Nur in der Wirtschaft ließ man die Juden vorübergehend in Ruhe, weil man sie hier noch brauchte.

Zerschlagung der Gewerkschaften

Neben den Parteien gab es noch eine gesellschaftliche Gruppe, von der Gefahr für das NS-Regime ausging: die Gewerkschaften. Hätten diese mit geballter Macht zu einem Generalstreik aufgerufen, hätte dies das Wirtschaftsleben erheblich stören und dem totalitären Machtanspruch der Nationalsozialisten gefährlich werden können.

In Wahrheit war der Allgemeine Deutsche Gewerkschaftsbund (ADGB) im Frühjahr 1933 weit davon entfernt, zum Widerstand aufzurufen. Obwohl bei den Betriebsratswahlen vom März 1933 die Nationalsozialistische Betriebszellen-Organisation (NSBO), die eine Untergliederung der NSDAP war, nur ein Viertel der Stimmen erhalten hatte, versuchte der ADGB unter seinem Vorsitzenden Theodor Leipart durch eine Strategie der Anbiederung, das Überleben des ADGB zu sichern. Theodor Leipart distanzierte sich von der SPD und willigte in den Ausschluss der „marxistischen" Funktionäre ein. In scheinbarem Entgegenkommen erklärte Hitler den 1. Mai, den traditionellen Feiertag der Arbeiterbewegung, zum gesetzlichen Feiertag, dem „Tag der nationalen Arbeit" – eine langjährige Forderung der Gewerkschaften. Auf diese Art geschmeichelt, tat der ADGB alles, um das Gelingen der Mai-Feierlichkeiten zu unterstützen – ohne zu wissen, dass diese Veranstaltungen ihr Schicksal besiegelten.

Auch Joseph Goebbels war fleißig bemüht, den neuen gesetzlichen Feiertag zu einem aufsehenerregenden Propagandaspektakel zu machen. Auf der zentralen Kundgebung in Berlin auf dem Tempelhofer Feld inszenierte Goebbels unter dem Motto „Ehret die Arbeit und achtet den Arbeiter!" zum ersten Mal ein Massenspektakel für Hunderttausende, wie er es später öfter tat: Die Teilnehmer hatten sich in zwölf riesigen Rechtecken zu formieren. Die mehr als 1 000 Meter lange Frontseite war durch drei riesige Hakenkreuzfahnen geschmückt, die von lichtstarken Scheinwerfern in Szene gesetzt wurden. In Zentrum stand die Rednertribüne, von der aus Goebbels und Hitler die Menschen auf der Kundgebung und an den Radiogeräten auf die Volksgemeinschaft einschworen. „Am heutigen Abend findet sich über Klassen, Stände und konfessionelle Unterschiede hinweg das ganze deutsche Volk zusammen, um endgültig die Ideologie des Klassenkampfes zu zerstören und der neuen Idee der Verbundenheit und der Volksgemeinschaft die Bahn freizulegen." Hitler versprach den Menschen Maßnahmen zur Bekämpfung der Arbeitslosigkeit und kündigte die Schaffung eines Arbeitsdienstes an, der jeden Deutschen „einmal im Leben zur Handarbeit" bringen sollte.

Am nächsten Morgen – den Gewerkschaftern klangen sicher noch die Parolen des vergangenen Abends in den Ohren – wurden die Gewerkschaften zerschlagen. Schwerbewaffnete SA-Kommandos stürmten die Gewerkschaftshäuser und verbrachten die Funktionäre in Konzentrationslager. Auch Theodor Leipart, der Vorsitzende des ADGB, war darunter. Die Gewerkschaften wurden per Gesetz aufgelöst. Nirgendwo regte sich nennenswerter Widerstand.

Die am 10. Mai 1933 – nur neun Tage später – neugegründete Deutsche Arbeitsfront (DAF), ein Einheitsverband von Arbeitnehmern und Arbeitgebern, übernahm zwangsweise sowohl die Mitglieder der Gewerkschaften wie auch deren Vermögen. Die DAF sollte in der Wahrnehmung der deutschen Arbeiter die Funktion einer Gewerkschaft übernehmen und damit die bisherigen Organisationen ersetzen. Als Zwangsgemeinschaft von Arbeitnehmern und Arbeitsgebern entwickelte sie sich mit 25 Millionen Mitgliedern im Jahr 1942 zur größten Massenorganisation im nationalsozialistischen Deutschland. Anstelle in Tarifstreitigkeiten die Interessen der Arbeitnehmer zu wahren, verkam die DAF zu einer großen Propagandamaschine – sie sollte die Arbeiterinnen und Arbeiter unter anderem durch beliebte Aktionen wie die NS-Freizeitorganisation „Kraft durch Freude“ in die neue Gesellschaft integrieren.

Kraft durch Freude (KdF) – Vergnügen für das Volk

Die vielleicht populärste Organisation des NS-Regimes war die NS-Freizeitgemeinschaft „Kraft durch Freude“. Sie wurde am 27. November 1933 als Unterorganisation der Deutschen Arbeitsfront (DAF) gegründet. Mit zahlreichen Freizeitangeboten wie bunten Abenden, Sport- und Handarbeitskursen, Konzerten, Theaterabenden, Ausflügen und Reisen sollte die Freizeit der deutschen Bevölkerung im Sinne des Staates gestaltet und damit ebenfalls gleichgeschaltet werden. Insbesondere die Arbeitnehmerschaft sollte auf diese Weise in die Volksgemeinschaft integriert werden. Zugleich sollte dadurch die volkswirtschaftliche

Produktion angekurbelt werden, ohne dass man nennenswerte Lohnerhöhungen durchführen musste.

Für die Nationalsozialisten war die Freizeit der Menschen kein Selbstzweck, sondern sie sollte im Dienste des Staates stehen. Die KdF-Veranstaltungen sollten der Entspannung und Erholung dienen, denn gesunde und mit Energie und „Kraft" erfüllte Menschen arbeiteten besser und waren kriegstüchtiger. Der Motivation für die Arbeit sollten auch Verbesserungs- und Verschönerungsaktionen an den Arbeitsplätzen wie die Einführung von Kantinen, Sportstätten oder Grünanlagen dienen.

Das von der Propaganda besonders ausgeschlachtete „Juwel" der Organisation war ihr größter Geschäftsbereich, das Amt für Reisen, Wandern und Urlaub. Von diesem wurden Tagesausflüge, Urlaubsreisen und Kreuzfahrten auf KdF-eigenen Kreuzfahrtschiffen wie der Wilhelm Gustloff organisiert. 43 Millionen Reisen verkaufte die KdF bis 1939, überwiegend Tagesausflüge. Die vielfach beworbenen Hochseefahrten nach Norwegen, Madeira oder Italien konnten sich allerdings die wenigsten leisten: Für einen Arbeiter mit einem Monatseinkommen von rund 150 Reichsmark war der Preis für eine Schiffsreise nach Madeira von 120 Mark nahezu unerschwinglich.

Um das Reisen für alle erschwinglich zu machen, wurde auch das gigantomanische Projekt des Seebads Prora auf Rügen gestartet, das in einer kilometerlangen Hotelanlage direkt am Strand Urlaub für 20 000 Menschen bieten sollte, dann aber wegen des beginnenden Krieges nicht fertiggestellt wurde.

Ein weiteres Projekt war der KdF-Wagen, ein Automobil, auf das man per KdF-Sparkarte sparen konnte. Hierfür wurde im Mai 1938 eigens eine Produktionsstätte, das „Volkswagen-Werk", gebaut und im Juli 1938 gar eine neue Stadt mit dem Namen „Stadt des KdF-Wagens bei Fallersleben" – das spätere Wolfsburg – gegründet. Bei Kriegsbeginn wurde die Produktion allerdings auf kriegswichtige Gefährte umgestellt. Die „KdF-Sparer" gingen leer aus. 1945 knüpfte an die vorhandenen Grundlagen im gleichen Werk die Serienproduktion des nun „Volkswagen" genannten KdF-Wagens an – daraus entstand der später so beliebte VW Käfer.

Die Zerschlagung der Parteien

Nachdem die Gewerkschaften außer Gefecht gesetzt waren, ließ auch der endgültige Zusammenbruch der verbliebenen Parteien und ihrer Institutionen nicht mehr lange auf sich warten. Im Frühjahr 1933 wurde die NSDAP von Eintrittswilligen geradezu überrannt. Hitler erließ deshalb im Mai sogar einen vorübergehenden Aufnahmestopp. Den übrigen Parteien liefen dagegen die Mitglieder davon, zahlreiche Parteibüros mussten schließen. Die Parteiführungen waren gespalten, wie man sich zu den neuen Machtverhältnissen verhalten sollte. Die gesamte Denkweise und demokratische Tradition verbot ihnen einen gewaltsamen Kampf gegen das neue Regime, die Grabenkämpfe der Vergangenheit verhinderten ein gemeinsames Agieren. So kam es, dass sich die Parteien ihrem Schicksal ohne großen Widerstand ergaben.

Neben der KPD, deren öffentliches Wirken bereits im Zuge des Reichstagsbrands unterdrückt worden war, war die SPD die einzige Partei, die tatsächlich verboten wurde. Die Parteiführung hatte sich im Zuge der Repressalien in zwei Lager geteilt. Die eine Hälfte verließ Deutschland, um in Prag eine Exilorganisation aufzubauen, die andere wollte die Stellung in Deutschland halten. Als am 22. Juni die erste Ausgabe der im Exil erarbeiteten Parteizeitung mit einem Aufruf zum Sturz des nationalsozialistischen Regimes erschien, verbot Innenminister Frick die Partei als „volks- und staatsfeindliche Organisation". Gegen einzelne Mitglieder wurden Berufsverbote erlassen, etliche wurden in Konzentrationslager verschleppt, das Vermögen der Partei wurde beschlagnahmt.

Die anderen Parteien wollten nicht das gleiche Schicksal erleiden und lösten sich daraufhin selbst auf. So am 27. Juni die Deutsche Staatspartei, am 28. Juni die Deutsche Volkspartei und am 4. Juli die Bayerische Volkspartei. Die letzte verbliebene Partei, das katholische Zentrum, hatte Hitler zunächst mit dem Reichskonkordat geködert, das die Position des Katholizismus in Deutschland vorerst sichern sollte – doch am 5. Juli löste sich auch die Organisation des politischen Katholizismus selbst auf.

Die Deutschnationale Volkspartei Hugenbergs hatte sich derweil am 27. Juni schon völlig freiwillig von der NSDAP schlucken lassen: Ihre Selbstaufgabe wurde durch ein „Freundschaftsabkommen“ versüßt: Die Reichstagsabgeordneten wurden in die NSDAP-Fraktion aufgenommen und ihre Kampforganisation, der Stahlhelm, wurde in die SA integriert.

Mit dem Ende des Parteiensystems waren die letzten Spuren der Weimarer Republik getilgt. Am 14. Juli erließ Hitler das „Gesetz gegen die Neubildung von Parteien“, das die NSDAP zur einzigen politischen Partei in Deutschland erklärte. Der totale Staat hatte erneut einen Sieg errungen, die pluralistische Gesellschaft gab es nicht mehr.

Ein Volk im Gleichschritt

„Du bist nichts, dein Volk ist alles“, so hämmerten die Parolen seit der Machtübernahme Hitlers auf die Deutschen ein. Dahinter verbirgt sich die Idee des totalitären, allgegenwärtigen Staates. In allen Lebensbereichen wollte die NSDAP die Macht über die Menschen erhalten – Ziel war eine imaginäre, ihrem Führer bedingungslos ergebene „Volksgemeinschaft“. Durch zahlreiche Verbände und Organisationen wie beispielsweise die Hitler-Jugend (HJ), der Bund Deutscher Mädel (BDM), die Deutsche Arbeitsfront (DAF), der Reichsarbeitsdienst (RAD) oder das Winterhilfswerk (WHW) sollten die Menschen von der Wiege bis zur Bahre an das Regime gebunden werden.

Gegen die Tristesse der zu Ende gehenden Weimarer Republik boten die Slogans der neuen nationalen Gemeinschaft einen attraktiven gesellschaftlichen Gegenentwurf: Aufschwung und Gemeinschaft gegen Wirtschaftskrise und Individualisierung, Einigkeit und Einheitswille gegen politische Diskussionen, demokratische Meinungskämpfe und Klassenkampf.

Wer dabei sein wollte, musste nur dem neuen „Mainstream“, der neuen Mehrheitsmeinung folgen. Und dem, der nicht gerade direkten Repressalien des Systems ausgesetzt war, fiel das leicht. Die Vorgaben waren einfach zu begreifen: Wer etwas werden wollte, der musste

NSDAP-Mitglied sein. Wer „deutsche Kultur" wollte, musste dem „Undeutschen" und „Entarteten" abschwören. Wer dazugehören wollte, der musste die, die nicht dazugehören, ausschließen.

Nahezu mühelos brachte das Regime den Großteil des Volkes in den nationalen Gleichschritt. Vom großen Industrieverband bis zum kleinen Sportverein – die meisten Organisationen reihten sich ohne Not und ganz freiwillig in den Gleichschritt der „Volksgemeinschaft" ein. Bereits in vorauseilendem Gehorsam wurden Personen, die per definitionem nicht in die zukünftige Gemeinschaft gehören sollten, wie beispielsweise Juden, Oppositionelle oder Homosexuelle, in Windeseile von ihren Posten entfernt.

Die entsprechenden Regeln für die neue Gesellschaft wurden in auffälligen Spektakeln inszeniert: So legten die Bücherverbrennungen am 10. Mai 1933 am Berliner Opernplatz, aber auch in vielen Universitätsstädten unzweideutig fest, welche Autoren in Zukunft nicht mehr zum deutschen Kulturgut gehören sollten: Literatur von Heinrich Heine, Thomas Mann, Bertolt Brecht oder Stefan Zweig jedenfalls nicht. Selbst im Bildungsbürgertum traf die „Reinigung des deutschen Geistes" vielerorts auf Zustimmung. Man war dankbar für das scheinbare Ende der so verwirrenden und verhassten Moderne.

Die Indoktrination war aber auch deshalb so erfolgreich, weil sie mit Hilfe neuer Technologien und der modernsten Massenkommunikationsmittel an die Deutschen herangetragen wurde. Die Nationalsozialisten nutzten vor allem in bis dahin ungekannter Weise den Rundfunk, den Film, Lautsprecher auf öffentlichen Plätzen und aufwendig inszenierte Großveranstaltungen als Sprachrohr für ihre perfiden Botschaften. Rundfunkübertragungen, empfangen auf für alle Deutschen erschwinglichen „Volksempfängern", trugen die Slogans in alle Haushalte. Aber nicht nur politische Botschaften wurden übermittelt, mit Musik, Kabarett und leichter Unterhaltung wurden die Zuhörer bei Laune gehalten.

Als Reichsminister für Volksaufklärung und Propaganda entfachte Joseph Goebbels ein wahres Feuerwerk von Falschmeldungen, Halbwahrheiten und Euphemismen in Presse, Rundfunk, Film und Kultur, denen sich die meisten Zuhörer und Zuschauer kaum mehr entziehen konnten.

Verbunden war diese Einbindung der Menschen ins System stets mit latenter Bedrohung für den Fall, dass man sich nicht mehr konform verhalte. Kontrollsysteme, die bis ins Private gingen, wie die Blockwarte in Wohngebieten oder die Förderung von Denunziation, und die permanente latente Bedrohung durch staatliche Willkürakte wie z.B. das jederzeit mögliche Verschwinden in Konzentrationslagern hielten die Menschen auf Linie.

In dieser Mischung aus Verführung und Bedrohung arrangierten sich die meisten Deutschen mit den neuen Verhältnissen. Nur eine Minderheit erkannte oder wollte erkennen, wohin dieser Weg führen würde. Diese Minderheit versuchte, sich durch Flucht ins Ausland oder „innere Emigration" dem neuen Regime zu entziehen. Dazu gehörten viele Vertreter der geistigen und kulturellen Elite der Weimarer Republik – darunter wiederum viele Juden. Zu ihnen zählten unter anderem Thomas Mann, Albert Einstein oder Bert Brecht. Allein 30 Nobelpreisträger gaben ihre Lehrstühle auf und gingen ins Ausland. Jene, die blieben, wie Gustav Gründgens oder Wilhelm Furtwängler, wurden von Goebbels' Propaganda vereinnahmt und für seine Zwecke instrumentalisiert. Statt selbständig denkender Geister, wollte man ein Volk ohne eigenen Willen schaffen, ein Volk, das ruft: „Führer befiehl, wir folgen dir!"

Katerstimmung in Deutschland

Im Herbst 1933 machte sich eine erste Katerstimmung in Deutschland breit. Die vollmundigen Versprechungen der Nationalsozialisten waren längst nicht eingelöst: Weder war die Arbeitslosigkeit beseitigt – trotz der durch hohe Staatsverschuldung errungenen Erfolge –, noch die Lebensmittelknappheit behoben, noch konnte die Wirtschaft mit voller Kraft produzieren (aufgrund von Rohstoffknappheit). Wirtschaft und Beamtenschaft klagten über störende Eingriffe von Partei und von SA. Und auch die Gleichberechtigung Deutschlands mit den anderen Mächten war noch lange nicht erreicht. Zwar trat Deutschland im Oktober 1933 demonstrativ aus dem Völkerbund aus, doch dies war eher ein Akt der Verweigerung denn eine konstruktive Weiterentwicklung.

Mit weiteren spektakulären Aktionen und Auftritten versuchte Hitler dem Stimmungsumschwung zu begegnen. Die Bauernschaft etwa umwarb er mit einem riesigen Reichserntedankfest auf dem Bückeberg bei Hameln, neben den Reichsparteitagen in Nürnberg und den Mai-Feiern in Berlin die größte Massenveranstaltung, die von 1933 bis 1937 regelmäßig stattfand. Die Arbeiterschaft, die noch immer nicht vollständig für das Regime gewonnen war, versuchte Hitler durch Großauftritte in den Betrieben zu gewinnen, wie etwa seine Rede in den Siemenswerken in Berlin am 10. November 1933, bei der er die Arbeiter auf die Volksabstimmung zum Austritt aus dem Völkerbund und die damit verbundene Reichstagswahl am 12. November einstimmen wollte.

Im Verlauf der Wintermonate erfasste die wachsende Missstimmung alle Bevölkerungsschichten. Die NSDAP wurde nicht mehr als dynamische Bewegung wahrgenommen, sondern als Partei mit Schwächen wie alle anderen. Joseph Goebbels versuchte mit Propaganda gegenzuhalten. Bei einer Rede am 11. Mai 1934 im Berliner Sportpalast rief er den „Kampf gegen die Staatsschädlinge“ aus. Er sprach von „Miesmachern“ und „Kritikastern“, die an allem etwas aussetzen wollten.

Doch die Lage konnte selbst von ihm nicht schöngeredet werden. Das Regime wurde von zwei Seiten aus den eigenen Reihen in die Bredouille gebracht: Die konservativen Steigbügelhalter, die mit ihrer angekündigten „Zähmung“ so kläglich gescheitert waren, allen voran Franz von Papen, forderten nun erst einmal eine Mäßigung des Tempos der braunen Revolution. „Mit ewiger Dynamik kann nicht gestaltet werden“, kritisierte der Vizekanzler seinen Chef, „Deutschland darf nicht ein Zug ins Blaue werden, von dem niemand weiß, wann er zum Halten kommt.“ Die Konservativen hofften vor allem mit Hilfe der Reichswehr,

DAF, Deutsche Arbeitsfront, Betriebsversammlungen und Ausflüge.

die der neuen Bewegung noch immer reserviert gegenüberstand, die innenpolitischen Zügel wieder in die Hand zu bekommen.

Dies stieß auf vollständigen Widerstand der SA-Führung, hinter der ein Millionenheer von Mitgliedern stand. Ihre zukünftige Stellung im Reich war immer noch ungeklärt. Was die Parteiarmee im Zuge der „Machtergreifung" erreicht hatte, blieb weit hinter den Erwartungen vieler Mitglieder zurück. Beispielsweise lag die Arbeitslosigkeit unter den SA-Männern über dem deutschen Durchschnitt. So verkündete SA-Chef Ernst Röhm lautstark eine Weiterführung der „nationalsozialistischen Revolution". Der „graue Felsen" Reichswehr solle in der „braunen Flut" der SA untergehen.

Die Reichswehr brauchte Hitler aber noch. Sie war eine feste Größe in seinen Planungen für den großen Weltanschauungskrieg. Darüber hinaus würde sich beim näher rückenden Tod des Reichspräsidenten, der ja immer noch das Oberkommando über die Reichswehr hatte, die

Machtfrage erneut stellen. Auch hierfür brauchte Hitler die Zustimmung der Reichswehrführung.

Ungeniert wetterte Röhm weiter gegen Parteigranden wie Goebbels oder Göring, die er als „Bonzen und Goldfasane“ bezeichnete. Für sich persönlich entwickelte der SA-Chef Ernst Röhm einen besonderen Machtanspruch: So ließ er sich beispielsweise bei Aufmärschen seiner „Braunhemden“ zum abschließenden Appell mit den Worten „unserem Führer Adolf Hitler und unserem Stabschef Ernst Röhm ein dreifaches Sieg Heil“ im gleichen Atemzug wie Hitler nennen. Die Äußerungen seines einstigen Duzfreundes und der damit proklamierte Machtanspruch wurden Hitler langsam zu gefährlich.

Die „Röhm-Morde“ – staatlich legitimierter Mord

Monatelang zögerte Hitler in dieser kritischen Situation, die zusätzlich Zunder erhielt, weil Deutschland auch außenpolitisch in zunehmende Isolation geriet. Im Juni 1934 schließlich beschloss Hitler zuzuschlagen und sämtliche Probleme auf einen Schlag aus der Welt zu schaffen. Die „Aufräumaktion“ lief unter dem Decknamen „Operation Kolibri“. Nur sehr wenige waren in die Planungen eingeweiht. Reinhard Heydrich, die rechte Hand des Reichsführers SS Heinrich Himmler, stellte Listen zusammen, auf denen die Personen standen, die man loshaben wollte. Einige wenige SS-Führer wurden vorab über die angeblich „bevorstehende Revolte der SA“ informiert. Die Reichswehr erhielt über den engsten Berater des Reichswehrministers, Walter von Reichenau, Kenntnis von dieser Liste. Reichswehrminister Blomberg signalisierte bei dieser Gelegenheit sein Einverständnis mit der Festnahme General Kurt von Schleichers. Die Zusammenarbeit zwischen SS und Reichswehr in dieser Angelegenheit lief sehr gut und erstreckte sich auch auf logistische Unterstützung. So transportierten beispielsweise Militärlastwagen die SS-Männer am frühen Morgen des 30. Juni zum Tegernsee.

Auch Hitler machte sich in der Nacht zum 30. Juni auf den Weg nach Oberbayern, wo er in Bad Wiessee kurzfristig eine Besprechung mit

SA-Oberen angesetzt hatte. Die „Nacht der langen Messer" nahm ihren Lauf: Kurz vor sieben stürmte ein wild brüllender und mit einer Pistole bewaffneter Hitler gefolgt von Beamten der Polizei und SS-Männern in das Hotelzimmer von Ernst Röhm. „Röhm, du bist verhaftet!" soll Hitler angeblich seinen Duzfreund angeschrien haben. Noch schlaftrunken erwiderte dieser nur: „Heil, mein Führer!", worauf Hitler ein zweites Mal brüllte: „Du bist verhaftet!" Es war das einzige Mal, dass Hitler selbst dabei war, als es Drecksarbeit zu erledigen galt.

Röhm wie zahlreiche SA-Granden wurden nach München ins Gefängnis Stadelheim oder ins KZ Dachau gebracht. Hier wurden viele von ihnen noch im Laufe des 30. Juni auf persönlichen Befehl Hitlers hin ermordet. Röhm selbst wurde am 1. Juli in Stadelheim erschossen, nachdem er zuvor der Aufforderung, Selbstmord zu begehen, nicht gefolgt war.

In Berlin leitete Göring die mörderische Aktion, die sich hier vor allem gegen die Konservativen richtete, die Hitler noch irgendwie hätten gefährlich werden können. So wurden etwa der Pressesprecher und der Redenschreiber von Franz von Papen getötet, der in den letzten Wochen gegen Hitler gearbeitet hatte. Dies wohl auch als Warnung an Papen selbst. Kurt von Schleicher und seine Ehefrau sowie sein Vertrauter Generalmajor Ferdinand von Bredow wurden ebenfalls erschossen. Auch katholische Gegner wie Eugen von Kessel und Erich von Klausener fielen dem Morden zum Opfer. Liquidiert wurde aber auch beispielsweise Gregor Strasser, Hitlers Gegenspieler in der Partei, als es um die Machtübernahme ging. Im ganzen Land wurden unter dem Vorwand der Vereitelung eines angeblich geplanten Putsches alte Rechnungen beglichen.

Ingesamt fielen dem Morden, das drei Tage dauerte, mindestens 82 Personen zum Opfer, Schätzungen zufolge sind es eher 200 Personen. Dazu gehörten auch etliche Personen, die Verwechslungen zum Opfer fielen oder die einfach nur zu viel wussten, wie Pater Bernhard Stempfle, der Hitlers *Mein Kampf* lektoriert und dabei wohl zu viel Einblick in Hitlers Privatleben gewonnen hatte. Rache geübt wurde auch an Gustav von Kahr, dem ehemaligen bayerischen Generalstaatskommissar, der den Hitler-Putsch am 9. November 1923 letztendlich verhindert hatte.

Das Morden wurde bereits am 3. Juli mit einem aus einem einzigen Satz bestehenden Gesetz nachträglich legitimiert: „Die zur Niederschlagung hoch- und landesverräterischer Angriffe am 30. Juni, 1. und 2. Juli 1934 vollzogenen Maßnahmen sind als Staatsnotwehr rechtens." Vor dem Parlament rechtfertigte Hitler das Vorgehen später nochmals ausführlicher: „In dieser Stunde war ich verantwortlich für das Schicksal der deutschen Nation und damit des deutschen Volkes oberster Gerichtsherr!" Er hängte nun der SA-Führung alle Missstände an, die die Bevölkerung hören wollte: „Belästigung friedlicher anständiger Menschen, Trunkenheitsexzesse, hetzende Reden, unerträgliche Ausschreitungen". Auch die Homosexualität Röhms, von der Hitler schon lange wusste, wurde nun in aller Breite ausgeführt, um die Morde zu rechtfertigen.

Die Bevölkerung reagierte erleichtert, da die SA durch ihr gewalttätiges Auftreten schon lange in Verruf gekommen war. Man war dankbar, dass der „Führer" nun eingegriffen hatte. Auch die Eliten jubelten diesem „reinigenden Gewitter" zu: Die Armee verstand die Aktion Hitlers als Entscheidung für die Reichswehr und gegen die SA und war so zufrieden mit dieser Entwicklung, dass es ihr leichtfiel, auch über die Ermordung zweier Reichswehrgeneräle hinwegzublicken. Durch ihre Mitwirkung bei diesem Morden hatte sie sich zudem ihre Hände an der Seite Hitlers schmutzig gemacht und war nun dauerhaft an das Regime gebunden. Der führende Staatsrechtler Carl Schmitt rechtfertigte die staatlich legitimierten Morde aus juristischer Sicht. In der *Deutschen-Juristen-Zeitung* schreibt er: „Der Führer schützt das Recht vor dem schlimmsten Missbrauch, wenn er im Augenblick der Gefahr kraft seines Führertums als oberster Gerichtsherr unmittelbar Recht schafft."

Auf einen Schlag hatte sich Hitler mit den Röhm-Morden fast aller innenpolitischen Probleme entledigt: Er hatte die aufkeimende Opposition im Keim erstickt, die zu mächtig werdende SA zerschlagen und die Reichswehr zum Bündnispartner gewonnen.

Ernst Röhm, (1887–1934) beim SA-Appell neben Adolf Hitler am 8. April 1933 im Berliner Sportpalast.

Alleiniger „Führer und Reichskanzler"

Hitler war sich seiner Macht nun so sicher war, dass er bereits am Tag vor Hindenburgs Tod, dem 1. August 1934, das „Gesetz über das Oberhaupt des Deutschen Reichs" verabschieden ließ. Es vereinigte die Ämter des Reichspräsidenten und des Reichskanzlers, sobald Hindenburg gestorben war. Damit fiel auch die letzte Kontrollinstanz, die dem Reichskanzler noch hätte entgegenstehen können. Jetzt war er alles: Oberhaupt des Staates, Regierungschef, höchster Richter und Oberbefehlshaber der Reichswehr.

Am 2. August 1934 starb Generalfeldmarschall Paul von Hindenburg im Alter von 86 Jahren auf Gut Neudeck in Ostpreußen. Noch am selben Tag wurde die Reichswehr auf den „Führer und Reichskanzler" vereidigt. Auch hier achtete Hitler wieder auf den legalen Anstrich, indem er sich den Erlass am 19. August durch eine „freie Volksabstimmung" absegnen ließ.

In atemberaubendem Tempo, in gerade einmal eineinhalb Jahren, hatten Hitler und seine Partei mit einer Mischung aus Verführung und Gewalt die totale Macht in ganz Deutschland an sich gerissen. Sie hatten die parlamentarische Demokratie zu Grabe getragen, den Rechtsstaat vernichtet und die Gewaltenteilung aufgehoben. Sie hatten Parteien und Gewerkschaften ausgeschaltet, die Bevölkerung auf Linie gebracht, Wirtschaft, Gesellschaft und Kultur komplett gleichgeschaltet, jegliche Opposition zum Schweigen gebracht und ein Bündnis mit der Reichswehr geschlossen, das Deutschland in den folgenden Jahren in den Abgrund führen würde. Die „Machtergreifung" war abgeschlossen.

KAPITEL 5:

Die Folgen der „Machtergreifung" – Hitler führt Deutschland an den Abgrund

Nach Hindenburgs Tod hatte Hitler die totale Macht in Deutschland. Die Mehrheit der Bevölkerung stand hinter ihm. Die wirtschaftliche Stabilisierung, die im Wesentlichen auf der Aufrüstung basierte, und die außenpolitischen Erfolge blendeten sie. Doch die Aufrüstung und die Wiederherstellung der nationalen Geltung führten auf direktem Weg in den Weltkrieg, in dem sich auch die Judenverfolgung zum Holocaust entwickelte. Deutschland und die ganze Welt leiden noch heute an den Folgen.

TRÜGERISCHE RUHE

In der Zeit nach der vollendeten „Machtergreifung" nach Hindenburgs Tod befand sich Hitler auf dem Höhepunkt der Zustimmung der Deutschen. An die Jahre 1934 bis 1939 erinnerten sich viele noch nach dem Zweiten Weltkrieg in Meinungsumfragen als gute Zeit. Aus der Sicht jener, die nicht im Widerspruch zum Regime standen, war durchaus Positives wahrzunehmen: Eine politische Beruhigung, eine wirtschaftliche Verbesserung und zunehmendes außenpolitisches Ansehen schienen Hitler recht zu geben.

Politische Beruhigung auf Kosten von Recht und Freiheit

Ein Grund dafür, dass Hitler in den 1930er Jahren so viel Zustimmung fand, war sicherlich die Beruhigung der innenpolitischen Lage. Nach der turbulenten und vielfach von Gewalt geprägten Endphase der

Weimarer Republik schien die „Ordnung“ wiederhergestellt. Die als „Aufräumaktion“ empfundenen Röhm-Morde im Juni 1934 hatten, so meinten nicht wenige, das gesellschaftliche Gleichgewicht wiederhergestellt. Obwohl Hitler ja sogar die persönliche Verantwortung für sie übernommen hatte, wurden sie nicht als kriminelle Taten verstanden, sondern eher als moralisch reinigender Akt. Die Röhm-Morde – begleitet von einem Propagandafeldzug über die ausschweifende und ungezügelte Lebensweise der SA-Führung – nützten so dem Image Hitlers als Saubermann. Die Propaganda machte ihn zum Staatsmann, der für die Aufrechterhaltung der öffentlichen Moral sorgte und gegen jeden vorging, der Recht und Ordnung gefährdete.

Auch das Ende des pluralistischen Meinungsstreits, der in der Endphase der Weimarer Republik so radikale Formen angenommen hatte, wurde nach 1934 zunehmend positiv wahrgenommen. Dankbar ließ man sich von der einigenden nationalen Begeisterung tragen. Die propagierte „Volksgemeinschaft“ bot allen, die dazugehörten, endlich wieder einen sicheren Hort ohne Streit und quälende Diskussionen. Der verspäteten Nation, die erst 1918 eher unfreiwillig die Demokratie kennengelernt hatte, war das demokratische Ringen um den richtigen Weg immer suspekt geblieben.

Dabei war für das Gros der Bevölkerung unerheblich, dass diese neue Einigkeit auf der brutalen Ausschaltung der Opposition beruhte. Folter, Verhaftungen und Tötungen betrafen ja vor allem die, die sich dem neuen Regime entgegenstellten. Verfolgt wurde, wer Kommunist oder SPD-Funktionär war, wer seine vom Regime abweichende Meinung lautstark kundtat oder wer den neuen Herren auf andere Weise in die Quere kam. Auch war von Anfang an klar, dass missliebige Menschen wie Juden, Homosexuelle oder Menschen mit Behinderung aus der neuerstehenden Volksgemeinschaft ausgeschlossen waren. Doch wer nicht diesen Gruppen angehörte, der empfand die neue Ruhe als wohltuend. Sollten doch irgendwo Zweifel aufgekommen sein, tat die latente Bedrohung durch Verfolgung und Terror ihre Wirkung.

Aufschwung auf explosivem Fundament

Die Mittdreißiger waren von einem Wirtschaftsaufschwung gekennzeichnet. Zunächst war es vor allem ein psychologischer Effekt: Die nationalsozialistische Machtübernahme schien eine neue Dynamik mit sich gebracht zu haben. Hitler gelang es, in den Deutschen die Zuversicht zu wecken, dass es mit Deutschland wieder aufwärts gehen könne. Erste positive Zahlen bereits im Frühjahr 1933 waren wohl noch auf wirtschaftspolitische Maßnahmen Kurt von Schleichers sowie eine allgemeine positive Entwicklung der Weltwirtschaft zurückzuführen.

Dass die Arbeitslosigkeit in den Folgejahren weiter zurückging und sich in Deutschland anders als in vielen anderen europäischen Ländern und den USA ein kleines „Wirtschaftswunder" ereignen konnte, war vor allem der Aufrüstung zu verdanken. Zwischen 1933 und 1935 stieg der Anteil der Militärausgaben am Volkseinkommen von weniger als einem auf fast zehn Prozent. Finanziert wurde das Ganze auf Pump. Mit waghalsigen Transaktionen beschaffte Reichsbankpräsident und Reichswirtschaftsminister Hjalmar Schacht die nötigen Finanzmittel, um die Rüstungsproduktion anzukurbeln.

Weder die Bevölkerung noch die internationale Öffentlichkeit hatten hierin genaueren Einblick. So wurden die Militärausgaben beispielsweise vom üblichen Budget abgekoppelt und Sonderbuchhaltungen eingeführt. Ab 1934 wurden die Rechnungen der Rüstungsfirmen mit Mefo-Wechseln, Wechseln der Schattenfirma „Metallurgische Forschungsgesellschaft" bezahlt, hinter der die Reichsbank stand. Diese Mefo-Wechsel konnten die Firmen dann bei der Reichsbank einlösen.

Nach dem gelungenen Einmarsch in das entmilitarisierte Rheinland 1936 gab Hitler hier nochmals Gas: In einer geheimen Denkschrift vom August 1936 forderte Hitler, dass die deutsche Armee in vier Jahren einsatzbereit und die Wirtschaft in vier Jahren kriegsfähig sein müssten.

Durch die vom Staat massiv geförderte Rüstungsproduktion entstand eine Vielzahl von neuen Arbeitsplätzen in den relevanten Branchen wie z.B. der Luftfahrtindustrie. So wuchs die Zahl der Beschäftigten in der Flugzeugproduktion von annähernd 4000 Anfang 1933 auf 54000 im Jahr 1935 und 240000 im Frühjahr 1938.

Während sich in den USA die Arbeitslosigkeit bis 1940 auf hohem Niveau hielt, erreichte Deutschland bereits 1936 die Vollbeschäftigung. Kein Wunder, dass ein großer Teil der Menschen, die noch vor kurzer Zeit wegen Arbeitslosigkeit hungerten und froren, nicht fragten, woher die neuen Arbeitsplätze kamen und wozu sie dienten.

Die durch den Aufschwung bewirkte sinkende Arbeitslosigkeit finanzierte die Rüstung übrigens gleich doppelt: Der Beitragssatz eines Arbeiters zur Arbeitslosenversicherung blieb trotz sinkender Ausgaben weiterhin bei 6,5 Prozent des Lohns – die überschüssigen Milliarden wurden ebenfalls wieder in die Rüstungsproduktion umgeleitet.

Der Boom bot gerade den jungen Deutschen ungeahnte Möglichkeiten. Überall löste eine neue Generation die alten Bosse ab. In den Unternehmen stiegen junge, gutausgebildete Kaufleute und Wissenschaftler schnell in die höchsten Etagen auf. Das ihre taten hierbei die massenhaften antisemitisch begründeten Entlassungen von Juden in den Universitäten, Krankenhäusern und Anwaltskanzleien, die jungen Akademikern ebenfalls unerwartete Aufstiegschancen boten.

Diese Chancen überzeugten viele, die noch geschwankt hatten. Die junge Generation war arbeitswillig, aufstiegsorientiert und hatte die trostlosen Jahre der Wirtschaftskrise erlebt. Viele waren überzeugt, an einer neuen, besseren Ordnung mitzuwirken, die das Alte, Überkommene hinter sich ließ und nun eine „wahre“ Gemeinschaft stiftete.

Außenpolitische Erfolge – „Deutschland ist wieder wer“

Auch außenpolitisch schien die Machtübernahme Hitlers zunächst nur positive Folgen zu haben. Bereits das Verlassen der Genfer Abrüstungskonferenz und der Austritt aus dem Völkerbund im Herbst 1933 wurde von der Bevölkerung als selbstbewusster Schritt gegen die fortwährend als Zurücksetzungen empfundenen Reglementierungen der

Siegermächte befürwortet. Denn alle Deutschen hatten es als erneute Zurücksetzung empfunden, dass Briten und Franzosen Deutschland bei der Genfer Abrüstungskonferenz im Sommer 1933 trotz anderslautender Beteuerungen auch weiterhin auf lange Zeit die militärische Gleichberechtigung vorenthalten wollten. International führte der Austritt aus dem Völkerbund zunächst allerdings zu einer deutlichen Isolierung Deutschlands.

Der Völkerbund und Hitler

Angesichts der Schrecken des Ersten Weltkriegs schlug der amerikanische Präsident Woodrow Wilson im Januar 1918 in seinem 14-Punkte-Programm unter anderem die Schaffung einer Weltfriedensorganisation vor. Bei der Pariser Friedenskonferenz beschlossen auf seine Anregung die teilnehmenden Staaten die Gründung des Völkerbunds, dessen Satzung als Artikel 1 bis 26 Bestandteil des Versailler Vertrags wurde. Am 10. Januar 1920 nahm der Völkerbund mit Sitz in Genf seine Arbeit offiziell auf.

Mitglieder waren zunächst die 32 Siegermächte des Kriegs sowie 13 neutrale Staaten. Bis 1937 erwarben 21 weitere Staaten die Mitgliedschaft. Doch die ganze Konstruktion krankte daran, dass nie alle Großmächte gleichzeitig im Völkerbund vertreten waren und insbesondere die USA als neue Weltmacht dem Bund über die gesamte Bestehenszeit nicht beitrat.

Während Österreich bereits 1920 zu dem Bund stoßen durfte, wurde das Deutsche Reich erst 1926 in Folge der Verständigungspolitik von Außenminister Gustav Stresemann aufgenommen. Und dies, obwohl der Völkerbund bereits in den ersten Nachkriegsjahren von großer Wichtigkeit für das Deutsche Reich war, weil er laut Versailler Vertrag die Verwaltung der ehemaligen Kolonien, des von Frankreich verwalteten Saargebiets und Oberschlesiens sowie die Aufsicht über die Freie Stadt Danzig übernahm.

Der Völkerbund hatte die Aufgabe, dauerhaft den Frieden zu sichern, indem er die internationale Kooperation fördern, in Konfliktfällen vermitteln und die Einhaltung von Friedensverträgen überwachen sollte. In kleineren Konflikten in den Anfangsjahren gelang es dem Völkerbund auch, zu schlichten. In Auseinandersetzungen, an denen die Großmächte beteiligt waren, war der Völkerbund jedoch meist machtlos. Die Beschlüsse des Völkerbundes wurden oft aus Eigeninteresse von den Mitgliedern blockiert.

Als die Großmächte Deutschland 1933 bei Verhandlungen die sofortige militärische Gleichberechtigung verweigerten, nutzte Hitler dies als willkommenen Anlass, die Genfer Abrüstungskonferenz und gleichzeitig den Völkerbund im Oktober 1933 zu verlassen. Hitler hatte nicht vor, sich durch diese Organisationen in seinen Expansionsabsichten gängeln zu lassen. Seine Außenpolitik und die heimliche Wiederaufrüstung waren von Anfang an nicht auf Frieden ausgerichtet. Der aggressiven Expansionspolitik Hitlers hatte der Völkerbund nichts entgegenzusetzen. Auf die Vorgeschichte des Zweiten Weltkriegs hatte der Völkerbund keinen Einfluss und seinen Ausbruch konnte er nicht verhindern.

Der Völkerbund löste sich im April 1946 auf, nachdem sich nach dem Zweiten Weltkrieg auf Initiative der Außenminister Chinas, Großbritanniens, der UdSSR und der USA die Vereinten Nationen (UNO) gegründet hatten. Mit der späten Auflösung sollte gezeigt werden, dass es sich bei der UNO nicht um eine direkte Nachfolgeorganisation handelte.

Joseph Goebbels gelang es gleichwohl, den Austritt propagandistisch so gut auszuschlachten, dass dies innenpolitisch zu einer weiteren Konsolidierung führte. Bei der mit den Reichstagswahlen verbundenen Volksabstimmung vom 12. November 1933 über den Austritt stimmten nach offiziellen Angaben über 95 Prozent der Deutschen zu. Strategisch gesehen bedeutete dieser Schritt für Adolf Hitler keine Änderung, hatte er doch nie vorgehabt, internationale Rüstungsbeschränkungen, wie sie von der Genfer Abrüstungskonferenz verhandelt wurden, oder gar eine Kontrolle durch den Völkerbund zu akzeptieren. Er propagierte stattdessen bei jeder Gelegenheit als sein außenpolitisches Ziel die Revision des Vertrags von Versailles, wofür er sich der Zustimmung der Bevölkerung sicher sein konnte. Erst später zeigte sich, dass Hitlers eigentliche Absichten mit dem Krieg um „Lebensraum im Osten“ noch sehr viel weiter gingen.

Die ersten tatsächlichen außenpolitischen Erfolge konnte Hitler 1935 feiern: Bei der im Versailler Vertrag vorgesehenen Saarabstimmung im Januar 1935 stimmten 90,5 Prozent für die Rückkehr zu Deutschland. Als Anfang März dann die „Heimkehr der Saar“ gefeiert werden konnte, brachte dies Hitler einen erheblichen Prestigegewinn im Ausland wie weiteren Ansehenszuwachs im Inneren.

Als Hitler im März 1935 mit der Wiedereinführung der allgemeinen Wehrpflicht darüber hinaus der erste offene Bruch des Vertrags ohne Blutvergießen gelang, fand dies umso mehr begeisterte Zustimmung im Volk. Mit dem „Gesetz über den Aufbau der Wehrmacht“ wurde das deutsche Friedensheer auf 36 Divisionen mit 580 000 Soldaten festgelegt. Es sollte bis 1939 kriegsfähig sein. Zwar protestierten die Westmächte gegen die Wiederaufrüstung und den offenen Bruch des Versailler Vertrags. Doch da Deutschland die Wiederaufrüstung offiziell mit einem Verteidigungsbedarf gegen die kommunistische Sowjetunion begründete, blieben tatsächliche Sanktionen aus.

Jeder weitere von Hitlers gelungenen außenpolitischen Schachzügen wie die Remilitarisierung des Rheinlandes 1936 und der „Anschluss“ Österreichs 1938 gerieten zu triumphalen nationalen Großtaten, die nach Meinung vieler allein Hitler aufgrund seines staatsmännischen Könnens zustande bringen konnte. Und weil diese Erfolge ohne nachhaltige Sanktionen der Großmächte errungen wurden, machten sie Hitler als Deutschlands Führer fast unangreifbar. Er schien der Einzige, der Deutschlands Ansehen in der Welt ohne Blutvergießen wiederherstellen konnte. Das machte Kritik an ihm fast unmöglich.

Erst mit der Sudetenkrise 1938, in der die Gefahr eines Krieges mit Händen greifbar wurde, bekam dieses Image des erfolgreichen Außenpolitikers erstmals Risse. Doch dann ermöglichten die Westmächte Hitler mit dem Münchner Abkommen Ende September 1938 seinen letzten und vielleicht größten außenpolitischen Triumph.

Die Sudetenkrise und das Münchner Abkommen

Nach dem „Anschluss" Österreichs im März 1938 rückten für Adolf Hitler die Sudetengebiete ins Zentrum des Interesses. Das überwiegend von Deutschen bewohnte Sudetenland und die von Tschechen besiedelten Gebiete Böhmens hatten bis 1918 zur Donaumonarchie gehört. Am Ende des Ersten Weltkriegs hatte sich die Tschechoslowakei als unabhängiger Staat gebildet. Diesem waren die Sudetengebiete zugeschlagen worden. Die Eingliederung Österreichs 1938 ins Deutsche Reich löste in diesen Gebieten eine „Heim ins Reich!"-Kampagne aus, die Hitler sehr gelegen kam. Ihm war die Tschechoslowakei als potentieller Verbündeter Frankreichs und als Bedrohung an der östlichen Flanke ohnehin ein Dorn im Auge, weshalb er schon Planungen zur Ausschaltung der Tschechoslowakei unter dem Decknamen „Fall Grün" in Auftrag gegeben hatte.

Am 28. März 1938 lud Hitler den Führer der Sudetendeutschen Partei, Konrad Henlein, zu sich ein und vereinbarte mit ihm eine Strategie: Henlein sollte stets höhere Forderungen stellen, als sie die Tschechen erfüllen konnten. Er versicherte ihm, das tschechoslowakische Problem bald zu „lösen". Daraufhin agitierte Henlein in der Tschechoslowakei für eine Autonomie.

Dies löste die sogenannte „Sudetenkrise" aus. Die Tschechen nahmen an, ein deutscher Angriff stehe unmittelbar bevor, und machten partiell mobil. Frankreich und England stellten sich an die Seite der Tschechoslowakei. Zunächst sah es so aus, als würde Hitler diesmal klein beigeben. Doch bereits am 30. Mai erging seine Weisung ans Militär, dass die Tschechoslowakei in absehbarer Zeit durch eine militärische Aktion zu zerschlagen sei. Stichtag des Abschlusses der Vorbereitungen war der 1. Oktober 1938. Gleichzeitig beteuerte er öffentlich immer wieder, die Abtretung der Sudetengebiete sei die letzte territoriale Forderung des Deutschen Reichs.

Die Krise spitzte sich weiter zu, wobei England die entscheidende Rolle zufiel: Ein sich angesichts der gefährlichen Situation in Deutschland bildender konservativer Widerstand signalisierte England, dass es notwendig für einen Umsturz sei, Hitler in diesem Fall entschieden entgegenzutreten und ihm so eine außenpolitische Niederlage zuzufügen. Doch der britische Premierminister Neville Chamberlain wollte lieber den Frieden in Europa sichern. Er war bereit, Deutschlands Forderungen entgegenzukommen, um den europäischen Status quo zu erhalten und einen für England gefährlichen Krieg abzuwenden.

Am 3. September 1938 gab Hitler dem Militär die Weisung, sich nach dem 27. September für einen Angriff auf die Tschechoslowakei bereitzuhalten. In einer aggressiven Rede auf dem Reichsparteitag in Nürnberg am 12. September kündigte er an, einer weiteren Unterdrückung der deutschen Volksgenossen in der Tschechoslowakei nicht mehr zusehen zu wollen.

Am 15. September 1938 flog der britische Premierminister zu dem deutschen Diktator, um ihm auf dem Obersalzberg in persönlichen Verhandlungen die Übergabe der sudetendeutschen Gebiete anzubieten. Er meinte, dadurch die restliche Tschechoslowakei zu schützen und Hitler vom Krieg abzuhalten. Vom 22. bis 24. September verhandelte er erneut in Bad Godesberg mit Hitler, wo er ihm die Zustimmung Englands, Frankreichs und der Tschechoslowakei zur Abtretung des Sudetenlandes überbrachte. Doch Hitler lehnte ab und forderte ultimativ bis zum 28. September noch deutlich mehr als zuvor: unter anderem den unmittelbaren Einmarsch der Wehrmacht und eine Abstimmung in einem nicht genau fixierten Territorium. Darüber hinaus ermunterte er die Polen und Ungarn, ebenfalls Gebietsforderungen gegenüber der Tschechoslowakei zu stellen. Noch während des Gesprächs traf die Nachricht von der allgemeinen tschechoslowakischen Mobilmachung am 23. September ein. Nachdem Frankreich und England die weitergehenden Forderungen Hitlers abgelehnt hatten, schien ein Krieg unvermeidlich. Um ihn doch noch abzuwenden, bat Chamberlain Mussolini um Vermittlung.

Es kam zur Münchner Konferenz vom 29. September 1938. Dort wurde das Münchner Abkommen erarbeitet, in dem Italien, Großbritannien und Frankreich ihre Zustimmung zum Anschluss des gesamten Sudetenlandes an das Deutsche Reich gaben. Weitere Gebietsabtretungen an Polen und Ungarn sollten folgen. Die Tschechoslowakei war an der Konferenz nicht beteiligt und musste die Beschlüsse akzeptieren. Im Gegenzug erhielt die Tschechoslowakei von den Großmächten eine Garantie für den Bestand ihres Reststaates. Am 1. Oktober 1938 marschierten deutsche Truppen ins Sudetenland ein.

Das Ergebnis: Der Frieden in Europa war noch einmal gerettet worden. Doch die Krise hatte Hitlers Kriegswillen offenbart. Dagegen hatte Neville Chamberlains Politik des „Appeasement" gezeigt, dass England selbst angesichts drohender gewaltsamer territorialer Veränderungen kaum gewillt war, dem Diktator in Deutschland etwas entgegenzusetzen.

Hitler wiederum war eine Revision des Versailler Vertrags gelungen, mit der die wenigsten gerechnet hatten. Und das erneut ohne einen Krieg. Er stand nun auf dem Höhepunkt seiner Macht und Popularität und galt bei der Bevölkerung als Friedensbewahrer, obwohl er selbst die friedliche Lösung nur widerwillig akzeptiert hatte. Dem Widerstand, der sich angesichts des drohenden Krieges vor allem in militärischen Kreisen um den Generalstabschef des Heeres Ludwig Beck formiert hatte, war dagegen mit diesem Erfolg Hitlers vorerst die Grundlage entzogen.

Hitler-Kult und Führer-Mythos

Es gelang dem Regime durch unterstützende Propaganda, all diese von der Bevölkerung als positiv empfundenen Entwicklungen als „Leistungen" Adolf Hitlers darzustellen. Sie waren ein wesentlicher Bestandteil des geschaffenen Führer-Mythos.

In seiner Reichstagsrede vom 28. April 1939 zog Adolf Hitler eine vorläufige Bilanz aller dieser „seiner" Erfolge: „Ich habe das Chaos in Deutschland überwunden, die Ordnung wiederhergestellt, die Produktion auf allen Gebieten unserer nationalen Wirtschaft ungeheuer gehoben (...) Es ist mir gelungen, die uns allen so zu Herzen gehenden sieben Millionen Erwerbslosen restlos wieder in nützliche Produktionen einzubauen (...) Ich habe das deutsche Volk nicht nur politisch geeint, sondern auch militärisch aufgerüstet, und ich habe weiter versucht, jenen Vertrag Blatt um Blatt zu beseitigen, der in seinen 448 Artikeln die gemeinste Vergewaltigung enthält, die jemals Völkern und Menschen zugemutet worden ist. Ich habe die uns 1919 geraubten Provinzen dem Reich wieder zurückgegeben, ich habe Millionen von uns weggerissenen, tiefunglücklichen Deutschen wieder in die Heimat geführt, ich habe die tausendjährige historische Einheit des deutschen Lebensraums wiederhergestellt, und ich habe (...) mich bemüht, dieses alles zu tun, ohne Blut zu vergießen und ohne meinem Volk oder anderen daher das Leid des Krieges zuzufügen. Ich habe dies (...) als ein noch vor 21 Jahren unbekannter Arbeiter und Soldat meines Volkes aus eigener Kraft geschaffen ..."

Selbstverständlich waren dies nicht nur die Leistungen Hitlers persönlich. Und doch stieß Hitler mit dieser persönlichen Bilanz seiner Regierungszeit von sechs Jahren bei den meisten Deutschen auf Anerkennung. Tatsächlich waren die Wiederherstellung der Ordnung, der Wiederaufbau der Wirtschaft, die Beseitigung der Arbeitslosigkeit, die Aufkündigung der vom verhassten Versailler Vertrag auferlegten Restriktionen und die Herstellung der nationalen Einheit Errungenschaften, die weit über die Anhängerschaft der Nationalsozialisten hinaus als positive Entwicklungen der nationalsozialistischen Machtübernahme gesehen wurden.

Nur wenige vermochten die Ziele zu erkennen, denen diese Errungenschaften der ersten sechs Jahre nationalsozialistischer Herrschaft von Anfang an untergeordnet waren: Hitlers fortwährende Beteuerung friedlicher Absichten war eine große Lüge. Das, was Hitler in seiner Rede als Erfolge bilanzierte, waren für ihn nur Etappen auf dem Weg zum Eroberungskrieg, den die NS-Führung seit 1933 plante und vorbereitete.

DER ZWEITE WELTKRIEG

Die Planungen für diesen großen Eroberungskrieg für „Lebensraum im Osten" hatten bereits begonnen, kurz nachdem Hitler Reichskanzler geworden war. Vier Tage nach seiner Ernennung am 30. Januar 1933 traf sich Hitler mit den wichtigsten Befehlshabern der Reichswehr in der Privatwohnung des Chefs der Heeresleitung, Kurt Freiherr von Hammerstein-Equord. Hier entwickelte er vor seinen Zuhörern, wie schon geschildert, die Grundzüge seiner geplanten Politik und das Programm für die nächsten Jahre.

Hitler versprach den Generälen eine „Stärkung des Wehrwillens mit allen Mitteln" – das Volk müsse darauf eingeschworen werden, dass „nur der Kampf uns retten kann". Hierfür müsse die allgemeine

„Der Schirmherr der deutschen Kunst": Idealisiertes Porträt Hitlers als Ritter. Gemälde, 1934, von Hubert Lanzinger (1880–1950)

Wehrpflicht wieder eingeführt werden. Die Pläne und die Aufrüstung der Wehrmacht müssten jedoch zunächst geheim bleiben, damit das Ausland nichts davon erfahre.

Die Rede vor den Generälen enthielt im Nukleus bereits das Programm für Hitlers mörderischen Eroberungs- und Vernichtungskrieg. Der neue Reichkanzler machte die anwesenden Militärs schon zu diesem frühen Zeitpunkt zu Komplizen seines Planes. Mit unverhohlener Skepsis hatten die Befehlshaber den neuen Reichskanzler erwartet. Doch diese Worte Hitlers hörten die Herren gerne, hatten doch auch sie im Geheimen den Aufbau eines großen Heeres bereits zu planen begonnen.

Und diese Planungen wurden auch bald in die Tat umgesetzt: Binnen eines Jahres stieg 1933 der Wehretat von 73,7 Millionen auf 141,5 Millionen Reichsmark. Die Aufrüstung kostete Unsummen und wurde verschleiert, damit das Ausland und die Öffentlichkeit keine Vorstellung von der tatsächlichen Größe des Rüstungsprogramms bekamen. Ab 1936 wurden die deutsche Wirtschaft und die deutsche Wehrmacht – so hießen die Streitkräfte seit dem „Gesetz für den Aufbau der Wehrmacht" vom 16. März 1935 – gezielt auf den Krieg vorbereitet. In vier Jahren sollten Militär und Wirtschaft kriegsfähig sein. Beim „Parteitag der Ehre" im November 1936 wurde ein Vierjahresplan vorgestellt, der die deutsche Wirtschaft unter anderem aus den internationalen Verflechtungen lösen sollte. Zur Vorbereitung des Krieges wurde eine weitgehende Autarkie angestrebt.

Der Zweite Weltkrieg ist also keine zufällige Entwicklung in der Zeit der nationalsozialistischen Herrschaft, sondern es führt ein direkter Weg von der Ernennung Hitlers zum Reichskanzler am 30. Januar 1933 zum Beginn des Zweiten Weltkriegs am 1. September 1939 mit seinen verheerenden Folgen.

Der Krieg beginnt

Gerade dass Hitler seine außenpolitischen Erfolge ohne Blutvergießen erreicht hatte, hatte selbst denen Anerkennung abgenötigt, die nicht von ihm überzeugt waren. Als am 1. September 1939 beim Überfall auf Polen dann die ersten Schüsse fielen, war die deutsche Bevölkerung in ihrer Mehrheit nicht begeistert. Trotz massiver NS-Propaganda waren die Menschen bedrückt und voller Sorge, da sie die katastrophalen Folgen des Ersten Weltkriegs noch allzu lebhaft vor Augen hatten. Das schnelle Vorrücken und die ersten Siege der Wehrmacht weckten dann allerdings eine Siegeseuphorie, die bis in die ersten Monate des Überfalls auf die Sowjetunion 1941 reichte. Danach setzte wiederum ein Stimmungsumschwung ein. Doch der noch immer nahezu unantastbare Führer-Mythos behielt bis zum Ende des Zweiten Weltkriegs Bedeutung. Aufkommender Widerspruch oder Widerstand musste sich immer erst mit dieser Tatsache auseinandersetzen, ja sich darüber hinwegsetzen, bevor man gegen Hitler agierte.

Nach der Zerschlagung der „Rest-Tschechei" im März 1939 intensivierte Hitler die Kriegsvorbereitungen. Im April 1939 wies er die Militärs an, einen Feldzug gegen Polen vorzubereiten. Sein bevorstehender 50. Geburtstag scheint ihn besonders motiviert zu haben, den Krieg bald, noch auf der Höhe seiner „Schaffenskraft" zu führen. Bevor Polen angegriffen werden sollte, wollte Hitler jedoch noch Einvernehmen mit der Sowjetunion herstellen, um sich nach Osten hin abzusichern. Er wollte einen Zweifrontenkrieg vermeiden, insbesondere weil Großbritannien und Frankreich nach der Zerschlagung der Tschechoslowakei eine Garantieerklärung für den Bestand Polens abgegeben hatten. Mit dem Hitler-Stalin-Pakt von Mitte August 1939 war diese Gefahr zumindest vorerst gebannt.

Am 1. September 1939 begann der Angriff gegen Polen. Ein Angriff, den man wegen angeblicher Provokationen und Grenzverletzungen als Verteidigungsaktion ausgab. Innerhalb von fünf Wochen war der Nachbar niedergerungen. Im Oktober 1939 wurde ein Teil der okkupierten polnischen Gebiete unmittelbar dem Deutschen Reich angegliedert. Das als „Generalgouvernement" bezeichnete „Restpolen" wurde unter deutsche Zivilverwaltung gestellt. Da im September auch die Rote Armee von Osten her über Polen herfiel, war es von der Landkarte verschwunden. Frankreich und Großbritannien erklärten Deutschland zwar den Krieg, griffen aber nicht ein.

Deutschlands Kriegführung und Besatzungspolitik gaben einen Vorgeschmack auf das, was noch kommen würde. Die polnische Führungsschicht wurde gezielt ausgeschaltet. Zehntausende Zivilisten – Lehrer, Ärzte, katholische Priester, politische Amtsträger, Gewerkschafter, Adelige und Juden – wurden durch Einsatzkommandos der Polizei und der SS ermordet. Als Vorwand dienten angebliche Partisanenüberfälle und Gewalttaten von Polen an deutschen Zivilisten.

Hunderttausende Menschen wurden aus den okkupierten Gebieten in das „Generalgouvernement“ deportiert, um die „Germanisierung“ voranzutreiben. Die jüdische Bevölkerung wurde in Ghettos getrieben – der Beginn dessen, was zum Völkermord zur Schaffung eines „judenreinen“ Europas wurde. Im Zuge des Krieges radikalisierte sich die Vertreibung und Verfolgung zum Massenmord.

Im Anschluss an den Sieg über Polen weitete Deutschland den Krieg im April 1940 zunächst nach Norden aus und fiel in Dänemark und Norwegen ein. Im Mai begann die deutsche Westoffensive mit der Besetzung der Benelux-Staaten und Frankreichs. Innerhalb von rund sechs Wochen wurde Paris erreicht, am 14. Juni wurde die französische Hauptstadt nahezu kampflos besetzt. Eine Woche später kapitulierte Frankreich. Am Abend des 22. Juni 1940 unterschrieben französische Unterhändler im Wald von Compiègne – an jenem Ort, an dem Deutschland im Ersten Weltkrieg die Waffen gestreckt hatte – den Waffenstillstand zwischen Deutschland und Frankreich, diesmal in umgekehrtem Machtverhältnis. Frankreich wurde aufgeteilt: Der Norden und Westen war von Deutschland besetzt, von hier aus wurde der Krieg gegen England geführt. Der Osten und Süden wurde im „État français“ zusammengefasst, einem von Marschall Philippe Pétain geführten Marionettenstaat.

Was im Ersten Weltkrieg in vier Jahren nicht gelungen war, hatte das deutsche Heer diesmal in wenig mehr als sechs Wochen geschafft. Für diese Art der Kriegführung bürgerte sich in Deutschland die Bezeichnung „Blitzkrieg“ ein. Die deutsche Bevölkerung schrieb die schnellen Erfolge Adolf Hitlers Geschick als Feldherr zu. Im Sommer 1940 befand sich dieser auf dem Höhepunkt seiner Popularität.

Um den Rücken für den geplanten Krieg im Osten vollends frei zu haben, wollte Hitler nun auch noch Großbritannien besiegen. Ab August 1940 bombardierte die deutsche Luftwaffe in der „Luftschlacht um England“ massiv dichtbesiedelte Städte und Industriezentren wie London, Birmingham, Sheffield oder Coventry. Dies sollte den Wi-

Wehrmachtssoldaten entfernen die Schranke zur polnischen Grenze im September 1939: Der Einmarsch der Nationalsozialisten markiert den Beginn des Zweiten Weltkriegs.

derstandswillen der Bevölkerung brechen. Doch diesmal ging Hitlers Strategie das erste Mal nicht auf: Premierminister Winston Churchill hatte die Bevölkerung auf einen harten Krieg eingeschworen, und eine Kapitulation blieb aus. Das Ziel einer Eroberung Großbritanniens wurde im Frühjahr 1941 aufgegeben.

Überhaupt wurden jetzt die ersten Zeichen einer Überlastung des deutschen Heeres sichtbar: Deutschland sprang nun auch noch dem von britischen Truppen bedrängten Bündnispartner Italien in Nordafrika und auf dem Balkan bei. Auch dabei ging es der NS-Führung vordringlich um die strategischen Ausgangsbedingungen für den geplanten Krieg gegen die Sowjetunion. Doch statt sich nunmehr zu beschränken, gab Hitler am 22. Juni 1941 den Befehl zum „Unternehmen Barbarossa".

Vernichtungskrieg gegen die Sowjetunion

Der Krieg gegen die Sowjetunion eröffnete eine neue Dimension der Gewalt: Er war von vornherein als Vernichtungskrieg geplant und wurde von Beginn an als solcher geführt. Die eroberten Gebiete sollten in Zukunft als „Lebensraum" und Rohstoff- und Nahrungsmittellieferant für die deutsche Bevölkerung dienen. Die dort ansässige Bevölkerung war für diese Planungen irrelevant. Ihre Beseitigung wurde fest eingeplant, im besten Falle sollte sie umgesiedelt werden oder den Deutschen als Arbeitskräftereservoir dienen. Der „Generalplan Ost" von 1942 zeigt die Dimensionen der Planungen auf: Mehr als 30 Millionen Russen, Ukrainer, Polen und Tschechen sollten demnach nach Sibirien umgesiedelt werden. Da die Sowjetunion als Heimat des „jüdischen Bolschewismus" galt, war die Ausrottung der gesamten dortigen jüdischen Bevölkerung Teil des Plans.

Der „Generalplan Ost"

Als „Generalplan Ost" bezeichnet man eine Summe von Entwürfen, Vortragsmaterialien, theoretischen Konzepten und teilweise verschollenen Plänen, die die Vorstellungen der nationalsozialistischen Führung zur Besiedelung der im Krieg neu hinzugewonnenen Ostgebiete wiedergeben. Sie entwerfen die rechtlichen, wirtschaftlichen und räumlichen Grundlagen für die in Zukunft geplante Kolonisierung und „Germanisierung" Osteuropas.

Vornehmlich beteiligt an den Plänen waren das Planungsamt des „Reichskommissariats für die Festigung deutschen Volkstums", die Planungsgruppe III B beim Sicherheitsdienst des Reichssicherheitshauptamtes der SS und das Institut für Agrarwesen und Agrarpolitik der Berliner Friedrich-Wilhelms-Universität, Vorläuferin der heutigen Humboldt-Universität.

Erste Planungen erfolgten bereits direkt nach dem Angriff auf Polen. Zwei Tage nach dem Angriff auf die Sowjetunion, am 24. Juni 1941, gab Heinrich Himmler einen größeren Gesamtplan beim Leiter des Planungsamtes im Stabshauptamt des „Reichskommissariats für die Förderung des deutschen Volkstums", dem Agrarwissenschaftler Konrad Meyer-Hetling, in Auftrag. Die erste Fassung Meyer-Hetlings lag am 15. Juli 1941 vor. In dem Plan, der bis zur endgültigen Billigung Himmlers am 12. Juni 1942 mehrfach modifiziert wurde, schlug Meyer-Hetling vor, Polen, das Baltikum, Weißruthenien (Teil des heutigen Staates Weißrussland) und Teile der Ukraine innerhalb von 30 Jahren mit Deutschen zu besiedeln, während 31 Millionen Angehörige der dortigen Bevölkerung nach Westsibirien deportiert oder ermordet werden sollten. 14 Millionen „gutrassige" Einwohner sollten bleiben. Die Siedlungsgebiete wurden konkret geographisch gefasst, in ihnen sollten Siedlerhöfe von 40 bis 100 Hektar Fläche und landwirtschaftliche Großbetriebe von mindestens 250 Hektar Fläche entstehen. Die Zahl der benötigten Siedler wurde auf 5,65 Millionen Menschen geschätzt.

Bereits während des Krieges wurden einzelne Vorhaben aus den verschiedenen Planungsskizzen umgesetzt, wie etwa die Schaffung „volksdeutscher Kolonien bei Zamosch" und die Besiedlungsaktion bei Schytomyr, wo die einheimische Bevölkerung vertrieben oder deportiert wurde und stattdessen deutsche Siedler angesiedelt wurden. Der Kriegsverlauf, insbesondere die Kriegswende 1943, verhinderten die weitere Umsetzung der Pläne.

In Deutschland erwartete man – wie in den Feldzügen zuvor – eine Niederlage der Sowjetunion binnen weniger Monate, was wiederum Großbritannien zu einem Kompromissfrieden zwingen sollte. Damit wären die strategischen Voraussetzungen für den Kampf gegen die USA um die Weltherrschaft erfüllt gewesen.

Als die deutsche Armee am 22. Juni 1941 die Sowjetunion auf breiter Front zwischen der Ostsee und den Karpaten überfiel, war diese völlig überrascht. Knapp drei Millionen Soldaten auf deutscher Seite sowie 600 000 Soldaten von Verbündeten standen 4,7 Millionen Soldaten der Roten Armee gegenüber. Mit schnellen Vorstößen gelang es der

Wehrmacht zunächst, aufgrund des Überraschungsmomentes weit in die Sowjetunion einzudringen. Ende 1941 standen die Truppen vor Moskau. Hier stoppte ihr Vormarsch in Schnee und Eis.

Wesentlicher Teil der Kriegführung war der Terror gegen die Zivilbevölkerung – der einen erbitterten Partisanenkrieg zur Folge hatte. Hinter der Front ermordeten sogenannte Einsatzgruppen von Polizei und SS systematisch Juden, kommunistische Funktionäre, aber auch Sinti und Roma. Kriegsgefangene wurden gezielt dem Hungertod ausgesetzt. Kommunistische Kommissare wurden auf der Grundlage des Kommissarbefehls vom 6. Juni 1941 sofort liquidiert. Rund eine halbe Million Menschen wurden bis Ende 1941 in Massenerschießungen ermordet.

Kriegswende und Kriegsende

Mit dem Kriegseintritt der USA im Dezember 1941 – nach dem japanischen Angriff auf Pearl Harbor und der deutschen Kriegserklärung – befand sich Deutschland nun in einem Kampf gegen eine feste Koalition aus den USA, Großbritannien und der Sowjetunion. Im Laufe des Jahres 1942 wurde immer deutlicher, dass diese Koalition Deutschland weitaus überlegen war. Zwar errang die deutsche Wehrmacht im Sommer 1942 noch einige Siege auf sowjetischem Gebiet, doch bald musste der Rückzug eingeleitet werden.

Das Jahr 1943 steht für die endgültige Kriegswende. Symbol hierfür wurde die verheerende Schlacht um Stalingrad, die den Widerstandswillen der Deutschen zutiefst erschütterte. Joseph Goebbels versuchte, mit seiner Sportpalastrede vom 18. Februar 1943, in der er den „totalen Krieg" proklamierte, das Steuer nochmals herumzureißen. Auch mit einer Verschärfung des Terrors und des Kriegsstrafrechts sollten alle Kräfte mobilisiert werden. Doch er konnte die Bevölkerung wohl nicht mehr überzeugen, denn die Zahl von Todesurteilen wegen Defätismus oder Wehrkraftzersetzung stieg ab 1943 stark an.

Längst war der Krieg in Deutschland angekommen. Briten und Amerikaner wendeten deutsche Kriegsmethoden nun gegen Deutschland an: Systematische Bombardierungen von Militär- und Industrieanlagen, aber auch Luftangriffe auf deutsche Städte sollten den Nachschub behindern und den Durchhaltewillen der Bevölkerung brechen. Doch wie schon die Deutschen in England erfahren hatten, erreichte dieses Mittel eher das Gegenteil: Der Hass auf den Feind wuchs und steigerte eher den Durchhaltewillen.

Auch wenn immer mehr Deutsche die Ausweglosigkeit der Situation begriffen, konnten sich nur wenige zum aktiven Widerstand durchringen. Zu sehr hatte die NS-Herrschaft in den vergangenen Jahren die Menschen auf Adolf Hitler eingeschworen, zu sehr hatte sie die Gesellschaft in ihren Griff genommen, zu große Angst beherrschte die Menschen vor den Folgen einer Kapitulation vor den Alliierten. Allein im Attentat vom 20. Juli 1944 manifestierte sich wahrnehmbarer Widerstand einer größeren Gruppe der politischen und gesellschaftlichen Eliten.

Ab Sommer 1944 rückten die Alliierten unaufhaltsam auf die Reichsgrenzen vor. Die Angst vor der Rache der Gegner – insbesondere der Roten Armee, die überall, wo sie vorrückte, nur „verbrannte Erde" vorfand – beherrschte die Deutschen und führte dazu, dass auch sinnlose Durchhalteaktionen mitgetragen wurden. Soldaten verteidigten unhaltbare Stellungen bis zum Tod. Hunderttausende Soldaten und zusätzlich mobilisierte Volkssturmkämpfer – teils Hitlerjungen, teils ältere Männer – wurden in aussichtslose Kämpfe geschickt.

Vor der Rache der Roten Armee flohen auch unzählige Menschen aus den östlichen Gebieten des deutschen Reichs, die nach und nach von ihr erobert wurden.

Ab Januar 1945 besetzten Soldaten der Westalliierten Deutschland von Westen her, gleichzeitig erreichte die Rote Armee die Oder und die Neiße. Im Westen wurde die Besetzung durch alliierte Truppen von der Bevölkerung zumeist eher erleichtert aufgenommen. Man war froh, nicht unter die Herrschaft der Roten Armee zu kommen.

Trotz der absehbaren Niederlage verloren noch Zehntausende Menschen ihr Leben, bis die endgültige Kapitulation Deutschlands

Köln 1945. Blick auf die kriegszerstörte Innenstadt und den Dom.

am 8. Mai 1945 erfolgte. Sie beendete den sechsjährigen von Deutschland entfachten Krieg und die zwölfjährige NS-Herrschaft, die am 30. Januar 1933 mit der Ernennung Hitlers zum Reichskanzler begann.

Die Bilanz des von Deutschland begonnenen Krieges ist furchtbar: Weltweit forderte er weit über 50 Millionen Menschenleben, darunter nicht nur Soldaten, sondern auch Millionen von Zivilisten. Die Überlebenden waren oft traumatisiert. Millionen zur Zwangsarbeit nach Deutschland Verschleppten stehen Millionen Vertriebene am Ende des Krieges gegenüber. Sie alle, dazu noch Ausgebombte und Kriegswaisen, mussten sich nach dem Krieg auf eine schwierige Suche nach einer neuen Heimat begeben. In allen beteiligten Staaten blieb der Zweite Weltkrieg nicht ohne langfristige gesellschaftliche und soziale Folgen. Die meisten größeren Städte waren durch ihn schwer in Mitleidenschaft gezogen oder zerstört.

Am Ende des Krieges herrschten in weiten Teilen Europas Wohnraummangel, Versorgungsschwierigkeiten sowie Seuchen und Hungersnot. Die Folgen dieses Kriegs sind noch bis heute in Deutschland und der Welt spürbar. Die ganze Weltgeschichte ist seither bis zum heutigen Tag mit davon bestimmt, was am 30. Januar 1933 begann.

DER HOLOCAUST

Auch zum Holocaust führt ein direkter Weg von der Machtübernahme Adolf Hitlers am 30. Januar 1933. Der rassistische Antisemitismus war einer der grundlegenden Eckpunkte nationalsozialistischer Ideologie. Nachdem die Nationalsozialisten an die Macht gekommen waren, machten sie vom ersten Tag an klar, dass sie diesen auch in die Tat umsetzen und eine radikal antisemitische Politik betreiben würden. Die „wilden" Verhaftungen und Misshandlungen in den ersten Wochen, der Boykott jüdischer Geschäfte vom 1. April 1933, die Berufsverbote und zahlreiche weitere Verordnungen zeigten bereits im ersten Jahr der NS-Herrschaft an, was das Regime mit den Juden zunächst in Deutschland vorhatte.

Dass es dagegen keinen nennenswerten Protest gab, sondern dass in vielen Fällen Helfershelfer in vorauseilendem Gehorsam sogar noch weiter gingen, bestärkte die Machthaber in ihrem Tun. Zahlreiche Organisationen, Verbände und Vereine schlossen ihre jüdischen Mitglieder aus: die Sektion der Dichtkunst der Preußischen Akademie der Künste genauso wie der deutsche Boxerverband oder Hartmannbund. Unzählige Sport-, Gesangs- und Schützenvereine oder die lokalen Feuerwehren übernahmen den „Arierparagraphen" in ihre Mitgliedsstatuten. Innerhalb eines Jahres waren Juden in ganz Deutschland sozial isoliert.

Die „Nürnberger Gesetze“ vom 15. September 1935 – veröffentlicht während des sogenannten „Reichsparteitags der Freiheit“ – machten Juden auch per Gesetz zu Bürgern mit weniger Rechten. Im „Reichsbürgergesetz“ und dem „Gesetz zum Schutze des deutschen Blutes und der deutschen Ehre“ wurde unterschieden zwischen „Reichsbürgern“, die „deutschen oder artverwandten Blutes“ sein mussten, und Juden, die fortan nur noch „Staatsangehörige“ des Deutschen Reichs ohne politische Rechte waren. Hier wurde dann auch unterschieden zwischen „Volljuden“ und „Mischlingen“ („Halbjuden“ oder „Vierteljuden“). Das „Blutschutzgesetz“ verbot unter anderem Eheschließungen zwischen Nichtjuden und Juden und stellte sogenannte „Rassenschande“ unter Strafe.

Zunächst war es das vordringliche Ziel der Machthaber, durch diese Maßnahmen die Auswanderung der Juden aus Deutschland zu forcieren. Von ihrem Weggang sollte der Staat zudem noch profitieren: Auf dem Weg ins Ausland wurden den Flüchtenden zahlreiche Steuern, Abgaben und Gebühren auferlegt. Rund 37 000 Juden verließen 1933 Deutschland, in den folgenden Jahren waren es jeweils über 20 000. Jüdischer Besitz wurde zu großen Teilen enteignet. Vom Weggang vieler jüdischer Gewerbetreibender und von den sogenannten Arisierungen profitierten wiederum viele „Volksgenossen“ persönlich, was das Einverständnis mit dieser Politik ebenfalls eher beförderte.

Schritt für Schritt machten die Machthaber den Juden in Deutschland das Leben zur Hölle: Im Juli 1938 wurde eine extra Kennkarte für Juden eingeführt, im August wurden sie gezwungen, „Sarah“ und „Israel“ als zusätzliche Vornamen zu führen. Die Reisepässe mussten mit einem „J“ gekennzeichnet werden.

Im November 1938 entlud sich die durch diese Maßnahmen entstandene aufgeheizte Stimmung gegen die Juden wie auch die durch die Sudetenkrise angefachte Kriegsangst der Bevölkerung in einem gewaltigen Pogrom. Von Hitler und Goebbels angeordnet, manifestierte sich die angestaute Aggressivität und Brutalität der Bevölkerung. Gezielt steckten Parteimob und Sympathisanten Synagogen in Brand, zerstörten Geschäfte, überfielen und beraubten vermögende Juden. Tausende Juden wurden von SS-Trupps umgebracht oder in Konzentrationslager verschleppt und dort getötet. Eine große Zahl von Juden beging in dieser Nacht, die die Nazis zynisch und verharmlosend „Reichskristallnacht" nannten, Selbstmord. Anschließend wurde den Juden auferlegt, die entstandenen Schäden selbst zu begleichen. Die Versicherungssummen wurden vom Reich konfisziert. Von diesem Zeitpunkt an war klar, dass es nicht nur um Diskriminierung ging, sondern um die endgültige Vertreibung der Juden aus Deutschland und die Auslöschung der jüdischen Kultur als Ganzes.

Von der Judenverfolgung zum Massenmord

Im Schatten des Krieges radikalisierte sich diese Verfolgungs- und Vertreibungspolitik zum Massenmord noch nie gekannten Ausmaßes. Mit Massenerschießungen vor Ort, Deportationen und der Zusammenfassung in Ghettos sollten die eroberten Gebiete nach dem Polenfeldzug „judenrein" gemacht werden. Nach dem Überfall auf die Sowjetunion wurden diese Maßnahmen nochmals radikalisiert. Systematisch töteten nun Mordkommandos Juden wie auch Sinti und Roma oder kommunistische Funktionäre. Die Militärverwaltung billigte und unterstützte vielerorts diese Verbrechen, die von Einsatzgruppen der Sicherheitspolizei, mehr als 30 Polizeibataillonen und der SS durchgeführt wurden. Im Sommer 1941 nahm die NS-Führung schließlich die vollständige Ermordung aller Juden im deutschen Einflussbereich in den Fokus. Die „Endlösung der Judenfrage" sollte nicht mehr verschoben werden auf die Zeit nach dem erwarteten Sieg über die Sowjetunion. Hunderttausende wurden nun aus ganz Europa in die dafür eigens errichteten Vernichtungslager deportiert. Dort wurden sie systematisch und in nahezu fabrikmäßiger Vorgehensweise in Gaskammern, bei Massenerschießungen oder medizinischen Versuchsreihen ermordet. Das Protokoll der Wannsee-Konferenz vom 20. Januar 1942 dokumentiert, wie alle beteiligten Institutionen und Dienststellen für dieses Ziel koordiniert wurden.

Es kam so weit, dass die Kriegführung dem vordringlichen Ziel der „Endlösung“ untergeordnet wurde. So blieb etwa dringend benötigter Nachschub an der Front aus, weil die Güterzüge für den Transport von Juden in die Vernichtungslager im Osten genutzt wurden.

Insgesamt fielen dem von den Nationalsozialisten durchgeführten Völkermord in Europa rund 5,6 Millionen Juden zum Opfer, davon starben rund 2,7 Millionen in den Vernichtungslagern. Darüber hinaus wurden mehr als 250 000 Sinti und Roma ermordet, die ebenfalls als „rassisch minderwertig“ galten.

Am 30. Januar 1933 lag diese Dimension der Vernichtung des Judentums in Europa in Form einer systematisch organisierten Ausrottung noch außerhalb des Horizonts nationalsozialistischer Politik. Und doch wohnte sie ihr bereits als Handlungsoption inne. In wenigen Jahren wandelte und steigerte sich jedoch die Politik der Judendiskriminierung, die von einem breiten antisemitischen Konsens in der Bevölkerung getragen wurde, im Zuge der rassistischen Logik der Nationalsozialisten zur Judenvernichtung. Die Art und Weise, die Konsequenz und die Dimensionen des Holocaust sind in der bisherigen Weltgeschichte singulär – Deutschland trägt dafür immerwährend Verantwortung.

KAPITEL 6:

Die Bedeutung der „Machtergreifung" bis heute

Der 30. Januar 1933 ist das Datum, das für das Ende der ersten demokratischen Republik in Deutschland steht. An diesem Tag begann der Übergang in die Diktatur. Niemand kann an die zwölf Jahre des NS-Regimes denken, ohne diesen Tag als Anfangspunkt mitzudenken. Mit den Erkenntnissen, die man aus diesem Ereignis gewinnen kann, hat der 30. Januar 1933 Bedeutung bis heute.

DIE LEHREN AUS DEM ENDE DER WEIMARER REPUBLIK

Das Ende von Weimar und der scheinbar legale Weg Hitlers an die Macht war von Anfang an das große Gegenbild, zu dem die neue Bundesrepublik wie auch die DDR aufgebaut wurden. In allen wesentlichen Entscheidungsphasen wurde und wird die Erinnerung an den Untergang der Republik herbeizitiert. Die DDR integrierte den antifaschistischen Kampf der KPD gegen den Nationalsozialismus in ihren Gründungsmythos und postulierte, dass in diesem Teil Deutschlands die richtigen Lehren aus Weimar gezogen worden waren. Der Bezug auf Weimar blieb dadurch dauerhaft präsent. In der Bundesrepublik spielten die „Lehren aus Weimar" – die jede politische Richtung etwas anders auslegte – in den Beratungen über das Grundgesetz im Parlamentarischen Rat 1949 genauso eine wichtige Rolle wie bei den Diskussionen um die Wiederbewaffnung in den 1950er Jahren oder um die Notstandsgesetze in den 1960er Jahren. In der Debatte um die durch den RAF-Terrorismus „verunsicherte Republik" wurde genauso darauf verwiesen wie im Zusammenhang mit Gerhard Schröders Agenda 2010, als gefragt wurde: „Weimar II durch Hartz IV?“ Bis heute spielt der Bezug auf das Ende der Weimarer Republik eine Rolle, wenn es beispielsweise um die Einführung plebiszitärer Elemente in den politischen Prozess, die Auswirkungen politischer Maßnahmen in Wirtschaftskrisen oder um die Bedeutung von Verfassungsorganen wie dem Amt des Bundespräsidenten geht. Das Ende von Weimar – symbolisiert durch den 30. Januar 1933 – ist und bleibt ein politisches Argument, ein wesentlicher Erfahrungshorizont unserer kollektiven Erinnerung.

Intensiv diskutiert wurden die „Lehren aus Weimar“ bereits von den Vätern und Müttern des Bonner Grundgesetzes. Je nach weltanschaulichem Standpunkt, je nach individuellen Erfahrungen und persönlichen Erwartungen wurden unterschiedliche Faktoren für den Untergang der Weimarer Republik verantwortlich gemacht. Dementsprechend wurden auch unterschiedliche „Lehren aus Weimar“ formuliert, die den Erhalt der neuen Demokratie sichern sollten.

Folge dieser intensiven Diskussionen waren zunächst eine Reihe von Bestimmungen im neuen Grundgesetz, die von der Weimarer Verfassung abwichen, um das neue Staatswesen vor einem Abgleiten in die Diktatur zu schützen. So schufen die Verfassungsväter und -mütter beispielsweise einen äußerst schwachen, das heißt mit wenig Kompetenzen ausgestatteten Bundespräsidenten bewusst im Gegensatz zum früheren vom Volk gewählten Reichspräsidenten, der in der Weimarer Republik als eine Art „Ersatzkaiser“ fungierte. Die Möglichkeiten des Bundespräsidenten, Einfluss auf die laufende Politik und wichtige Personalentscheidungen vorzunehmen, wurden bewusst beschnitten.

Angesichts des staatlichen Terrors der NS-Diktatur wurden die Grundrechte, die in der Weimarer Verfassung zwar als Staatsziele vorhanden waren, jedoch nicht vor Aushöhlung und Beseitigung durch den Gesetzgeber geschützt waren, im Grundgesetz als unmittelbar geltendes Recht verankert, das die gesamte Staatsgewalt bindet. Menschen- und Bürgerrechte wurden als einklagbare Rechte jedes Einzelnen formuliert. Eine besondere Sicherung erhielten sie durch die Formulierung, dass sie in ihrem Wesensgehalt nicht angetastet werden dürfen. Eine Sicherheitsschranke, die auf den negativen Erfahrungen aus dem Legalitätsdenkens der Juristen der Weimarer Republik und NS-Zeit beruhte.

Die vielen gescheiterten Regierungen der Weimarer Republik mit ihren instabilen Mehrheiten und die mangelnde Bereitschaft zum Konsens beschäftigte die Schöpfer des Grundgesetzes ebenfalls. Hieraus entstand unter anderem die Regelung des konstruktiven Misstrauensvotums, die den Sturz einer Regierung ohne neue breite Mehrheit verhindern soll. Der Parteienzersplitterung soll die Fünf-Prozent-Hürde entgegenwirken.

Im Gegensatz zur Weimarer Republik, in der die Parteien mit ihren auseinanderlaufenden Interessen als störend empfunden wurden und eine Abschaffung der Parteien bei vielen auf Zustimmung stieß, sind diese nun als unerlässliche Instrumente der Willens- und Mehrheitsbildung akzeptiert und auch verfassungsmäßig verankert, um die Bildung eines Einparteiensystems für die Zukunft zu verhindern.

Dass die Hitler-Bewegung es geschafft hatte, die Zustimmung der breiten Bevölkerung zu gewinnen, führte zu einem grundsätzlichen Misstrauen gegenüber plebiszitären Elementen in der Verfassung. Die verhängnisvollen Kampagnen anlässlich der Volkswahl des Reichspräsidenten oder gegen den Young-Plan vor Augen, entschied man sich beim Abfassen des Grundgesetzes gegen jede Variante der direkten Demokratie, die nicht durch Delegation oder indirekte Wahlen entschärft war.

Neben Regierung (Exekutive) und Parlament (Legislative) wurde ein drittes Staatsorgan gestellt, das die Rechtsstaatlichkeit des neuen Staatsgebildes dauerhaft garantieren soll: das Bundesverfassungsgericht, das zur Normenkontrolle angerufen werden kann.

Aus verschiedenen Entscheidungen des Verfassungsgerichts heraus entwickelte sich wiederum das Konzept der „wehrhaften Demokratie“. Weil es Adolf Hitler als erklärtem Verfassungsfeind gelingen konnte, auf legalem Weg an die Macht zu kommen, stellte das Verfassungsgericht die freiheitlich-demokratische Grundordnung der Bundesrepublik unter besonderen Schutz. Sie darf nicht einmal auf legalem Weg oder mit Hilfe legaler Mittel aufgehoben werden. Wer Handlungen vornimmt, die darauf abzielen, die freiheitlich-demokratische Grundordnung aggressiv und planvoll funktionsuntüchtig zu machen, um sie letztlich zu beseitigen, kann für verfassungswidrig erklärt werden und muss damit rechnen, auf aktive Gegenwehr des Staates zu stoßen.

Die entscheidendsten „Lehren aus Weimar" betreffen allerdings weniger die in der Verfassung niedergelegten Regelungen. In der politischen Praxis der über 60-jährigen Bundesrepublik haben sich diese nur zum Teil als positive Errungenschaften, teilweise aber auch als unwirksam oder zumindest fragwürdig herausgestellt.

Die wichtigsten „Lehren" betreffen eher den Bewusstseinswandel, der in den langen, ruhigen Jahre der Bundesrepublik im Zeichen von Wirtschaftswunder, politischer Stabilität und Frieden – im Gegensatz zu den hektischen, instabilen Weimarer Jahren – die Chance hatte, zu reifen: zum einen die Einsicht in die Notwendigkeit des demokratischen Kompromisses, der immer wieder in langen und zähen parlamentarischen und öffentlichen Diskussionen gesucht und gefunden werden muss. Zum anderen die Einsicht, dass die Demokratie mit einer Verfassungsordnung, die die Freiheitsrechte des Einzelnen schützt, die Partizipation der Bürger sicherstellt und eine Verselbständigung der Staatsmacht verhindert, ein zerbrechliches, aber schützenswertes Gut ist, das Tag für Tag gepflegt und ohne Demagogie und in Toleranz praktiziert werden muss. Der politische Gegner ist kein Feind, sondern Konkurrent im Finden der besten Lösungen.

WAS WÄRE GEWESEN, WENN ...

... Hindenburg Hitler am 30. Januar 1933 nicht zum Reichskanzler ernannt hätte? Gab es eine irgendwie geartete Alternative zur Ernennung Hitlers, die Deutschland und die Welt vor Krieg und Holocaust bewahrt hätte? Dies würde zum einen voraussetzen, dass es in den Januartagen 1933 Handlungsspielräume für den Reichspräsidenten gab, und zum anderen, dass dieser auch gewillt gewesen wäre, diese anders als tatsächlich geschehen zu nutzen.

Szenario 1: Kampfkabinett Papen/Hugenberg

Dass sich Hindenburg am 30. Januar 1933 tatsächlich für Hitler als Reichskanzler entschied, kam für viele politisch Interessierte doch ein wenig überraschend. Nachdem der Reichspräsident seit Sommer 1932 mehrfach die Gelegenheit ungenutzt hatte verstreichen lassen, war die Ernennung Hitlers diesmal keineswegs erwartbar. Die vielfach kolportierte Abneigung Hindenburgs gegen den „böhmischen Gefreiten" Hitler wie auch die frühere Konkurrenzkandidatur beider bei der Reichspräsidentenwahl 1932 schien einer Einigung entgegenzustehen. Die Zeitungen am Morgen des 30. Januar 1933 erwarteten denn auch eher ein deutschnationales Kabinett Papen/Hugenberg, das wiederum nur mit präsidialen Vollmachten hätte regieren können.

Dieses Kabinett hätte neun Zehntel des deutschen Volkes gegen sich gehabt. Darüber hinaus war von diesem Kabinett eine dauerhafte autoritäre Veränderung des Staatsaufbaus zu erwarten. Schließlich hatte Franz von Papen sein Konzept vom „Neuen Staat" mit der weitgehenden Abschaffung von Demokratie und Parlamentarismus offen propagiert. Dies wiederum hätte Parteien und Gewerkschaften sicherlich zum Widerstand provoziert. Ein Bürgerkrieg schien für diesen Fall in greifbare Nähe zu rücken. Linke und rechte Straßenkämpfer hätten sich gegen die Regierung gewehrt. Eventuell hätte sich sogar angesichts des gemeinsamen Feindes eine Einigung der KPD und NSDAP ergeben. Ob die Reichswehr in der Lage und bereit gewesen wäre, diesen allseitigen Aufstand niederzuschlagen, ist ungewiss. Deshalb galt diese Version bei fast allen Parteien und Verbänden als die gefährlichste Lösung der Krise. Als sich eine andere, sicherere Lösung bot, griff Hindenburg gerne zur Alternative Hitler.

Szenario 2: Staatsnotstand unter Schleicher

Eine in den Januartagen 1933 von Schleicher intensiv forcierte wie auch unter Historikern ernsthaft erörterte Alternative wäre die Ausrufung eines Staatsnotstandes gewesen. Beim nächsten Zusammentritt des Reichstags Ende Januar 1933 hatte Schleicher mit einem Misstrauensvotum oder zumindest mit der Aufhebung von Notverordnungen zu rechnen. Als er nach Strassers Rückzug endgültig einsehen musste, dass es ihm nicht gelingen würde, eine parlamentarische Mehrheit für seine Politik durch die Einbindung oder zumindest die Tolerierung der NSDAP zu erreichen, forcierte er Überlegungen zur Ausschaltung des Parlaments.

Die für Verfassungsfragen zuständige Abteilung des Reichswehrministeriums hatte für ihn drei Möglichkeiten ausgearbeitet: zum einen eine Zwangsvertagung der Reichstagsversammlung, die einen offenen Bruch der Verfassung dargestellt hätte. Zum zweiten eine Nichtbeachtung des vom Reichstag ausgesprochenen Misstrauensvotums. Dahinter stand die Idee, dass dieses Misstrauen lediglich einen negativen Willen des Parlaments zum Ausdruck brachte, das seinerseits aber keine konstruktive Regierungsarbeit zustande brachte. Solange dies nicht der Fall wäre, verlöre das Votum des Parlaments seine Rechtsverbindlichkeit. Prominente zeitgenössische Juristen waren der Meinung, dass dies nicht explizit gegen die Verfassung verstoßen würde. Darüber hinaus ist es gar nicht so unwahrscheinlich, dass dies in dem Klima der politischen Lähmung von den Parteien ohne großen Widerstand hingenommen worden wäre. Doch nach Ansicht Kurt von Schleichers wäre dieses Vorgehen nur eine halbe Sache gewesen, weil sie dem Reichstag die Möglichkeit belassen hätte, Notverordnungen aufzuheben.

Schleicher favorisierte deshalb die dritte und umfassendste Lösung, die Proklamation des Staatsnotstandes, durch den der Reichstag für eine Übergangszeit eliminiert worden wäre. Für diese Lösung brauchte Schleicher allerdings die Zustimmung des Reichspräsidenten, die er in einem Gespräch am 23. Januar 1933 zu gewinnen suchte. Vorher gelang es ihm noch – im Unterschied zu Papen –, alle seine Minister auf seine Seite zu bringen. Scheinbar trauten sie Schleicher zu, den Verfassungsbruch ohne größere innere Unruhen oder den befürchteten Bürgerkrieg durchführen zu können. Am 16. Januar 1933 billigte das Kabinett die Pläne Schleichers, unter Bruch der Verfassung die nach der Reichstagsauflösung fälligen Neuwahlen über die Sechzig-Tage-Frist hinaus zu verschieben. Schleicher plante eine Neuwahl für den Herbst 1933.

Anders als Papen hatte Schleicher sich den Zugang zur Arbeiterbewegung nicht durch eine als unsozial empfundene Politik verbaut, was die Gefahr eines Generalstreiks oder Aufstands der Arbeiterbewegung minimierte. Darüber hinaus hatte er den autoritär-konservativen Verfassungsideen seines Vorgängers eine klare Abfuhr erteilt. Man glaubte ihm wohl, dass die Ausschaltung des Parlaments nur eine vorübergehende Notlösung sein sollte und nicht das Ziel seiner politischen Vorstellungen. Und schließlich hatte er als General und ehemaliger Reichswehrminister genug alte Verbindungen zur Reichswehr, so dass er diese Situation gemeinsam mit der Reichswehr hätte meistern können.

Am 23. Januar 1933 erteilte Hindenburg jedoch all diesen Plänen eine Absage. Er lehnte den Verfassungsbruch wohl nicht prinzipiell ab, hatte er doch schon Anfang Dezember mit Franz von Papen diese Möglichkeit durchdacht. Vielmehr verübelte Hindenburg Schleicher, dass er durch das vage Versprechen, zumindest eine Tolerierung der Nationalsozialisten zu erreichen, die Kanzlerschaft errungen und die Entlassung Papens verursacht hatte. Der Rückgriff Schleichers auf die alten Rezepte erzeugte bei Hindenburg nun den Eindruck, dass Schleicher kläglich gescheitert war. Als er nun doch wieder auf die präsidiale Macht des Reichspräsidenten zurückgreifen wollte, verweigerte sich ihm Hindenburg.

Was wäre gewesen, wenn sich der Reichspräsident anders entschieden hätte? Wenn er der von Schleicher offerierten Lösung des Staatsnotstandes zugestimmt hätte? Es spricht viel dafür, dass die Verschiebung der Neuwahlen von den Parteien wie der Bevölkerung ohne größeren Protest hingenommen worden wäre. Die Bevölkerung traute dem Parlament die Lösung der Krise ohnehin nicht mehr zu. Auch politische Kreise signalisierten Schleicher Zustimmung. So hatte selbst der abgesetzte preußische Ministerpräsident Otto Braun bei einem Treffen mit Schleicher am 6. Januar 1933 eine Verschiebung der Neuwahlen ins Auge gefasst.

Hitler hätte die Verschiebung der Neuwahlen bestimmt in Schwierigkeiten gebracht. Er konnte nicht sicher sein, wie NSDAP und SA in diesem Fall reagiert hätten. Seine Taktik, legal als Kanzler an die Macht zu kommen, wäre in sich zusammengefallen. Die Machtübernahme der Nationalsozialisten wäre damit in weite Ferne gerückt. Vermutlich hätte sich dann ein Teil seiner Anhänger von ihm abgewandt und anderen Größen der Partei wie z.B. Gregor Strasser zugewandt, die eine andere Form der „Machtergreifung" befürworteten. Die SA wiederum hätte diese Entwicklung kaum ohne Aufbegehren hingenommen. Schwer zu sagen, ob sie einen Aufstand geplant hätte oder sich sogar mit den Kommunisten gegen die Staatsmacht verbündet hätte. Jedenfalls wäre der Nimbus des erfolgreichen Parteiführers Adolf Hitler erheblich beschädigt worden.

Für den Fall, dass es doch nennenswerten Widerstand gegeben hätte, hatte Schleicher vorgeplant. Im Falle eines Generalstreiks wäre der Ausnahmezustand verhängt und die vollziehende Gewalt auf die Reichswehr übertragen worden. Entsprechende Notverordnungen zur Abwehr des Generalstreiks waren schon entworfen. Diese sollten den militanten Widerstand bereits im Keim ersticken. Es sollte ein allgemeines Streikverbot für alle „lebenswichtigen" Betriebe gelten. Den Gewerkschaften wurde im Fall einer Unterstützung von Streikaktionen die Einziehung ihrer Vermögen angedroht. Streikende Arbeitnehmer hatten mit dem Verlust ihrer Erwerbslosen- und Wohlfahrtsunterstützung zu rechnen, streikenden Beamten drohte der Entzug ihrer Beamtenrechte. Die zuständigen militärischen und zivilen Stellen waren im Januar auf einen eventuell nötigen Ausnahmezustand präpariert.

Es spricht also einiges dafür, dass die Proklamation des Staatsnotstandes und die Verschiebung der Neuwahlen durch Reichskanzler

Kurt von Schleicher eine erfolgversprechende Alternative zur Betrauung von Adolf Hitler mit der Reichskanzlerschaft gewesen wäre. Hätte dies dauerhaft die Nationalsozialisten von der Macht ferngehalten?

Beantwortet man diese Frage mit Ja, begibt man sich auf das Feld der reinen Spekulation. Der Zeitpunkt zumindest wäre günstig gewesen, denn im Januar 1933 zeigten sich die ersten Anzeichen einer wirtschaftlichen Erholung und der politische Extremismus war eher auf dem Rückzug. Und schließlich ist zu vermuten, dass diese Art der von der Reichswehr unterstützten Diktatur nur eine Übergangsform gewesen wäre. Dies vor allem auch deshalb, weil Schleicher wohl keine dauerhafte Diktatur anstrebte, sondern diese nur als Notlösung verstand. Nach einem Abflauen der Wirtschaftskrise hätte die demokratisch-parlamentarische Regierungsform ohne größere Probleme wiederhergestellt werden können.

Selbstverständlich wäre damit das Problem des Nationalsozialismus in Deutschland nicht beseitigt gewesen. Dennoch kann man davon ausgehen, dass diese Niederlage zumindest den Siegermythos Hitlers deutlich angekratzt hätte, wenn nicht sogar die widerstrebenden Interessen in der Partei noch weiter auseinandergedriftet wären, was in der Konsequenz auch leicht zu einem Auseinanderbrechen der Partei hätte führen können.

Diese Überlegungen sind natürlich spekulativ, jedoch entbehren sie nicht eines gewissen Reizes, da man davon ausgehen kann, dass auf diese Weise großes Leid hätte verhindert werden können.

Warum es so war, wie es war

Doch letztlich zählen die Fakten: Hindenburg entschied sich anders, nicht zuletzt weil ihm Franz von Papen eine Alternative bot, die ihm weitaus attraktiver erschien. Schon lange war ihm ein „Kabinett der nationalen Konzentration“, eine Regierung aller konservativen und nationalen Kräfte Deutschlands ein Herzenswunsch gewesen. Papen war es nun durch rege Verhandlungstätigkeit gelungen, eine solche Regierung zu schmieden – und dies sogar gemäß der Verfassung.

Hindenburg musste nicht fürchten, dass ihm in Zukunft offener Verfassungsbruch zum Vorwurf gemacht würde. Schon der ausufernde Gebrauch der Präsidialgewalt hatte ihm nicht sonderlich behagt.

In der Zwickmühle zwischen der Ernennung Hitlers zum Reichskanzler, die ihm die Konfrontation mit dem Parlament ersparte, ohne den Parlamentarismus befürworten zu müssen, und dem risikoreichen Weg eines Staatsnotstandes, der der Verfassung widersprach und keineswegs den Parlamentarismus gänzlich ausschaltete, entschied er sich leichten Herzens für Adolf Hitler.

ZEITTAFEL

20.4.1889	Adolf Hitlers Geburt in Braunau am Inn
29.9.1918	Die Oberste Heeresleitung verlangt den sofortigen Waffenstillstand und die Parlamentarisierung im Reich
11.11.1918	Unterzeichnung des Waffenstillstands in Compiègne
19.1.1919	Wahl zur Nationalversammlung
28.6.1919	Unterzeichnung des Versailler Vertrags
11.8.1919	Die Weimarer Reichsverfassung tritt in Kraft
18.11.1919	Hindenburg spricht vor dem Untersuchungsausschuss der Nationalversammlung vom „Dolchstoß"
6.6.1920	Erste Reichstagswahl (Die bürgerliche Mitte verliert ihre Mehrheit)
8./9.11.1923	Hitlerputsch in München
1.4.1924	Hitler wird zu fünf Jahren Festungshaft verurteilt
17.12.1924	Vorzeitige Entlassung Hitlers aus der Festungshaft
27.2.1925	Neugründung der NSDAP
26.4.1925	Wahl Hindenburgs zum Reichspräsidenten
8.9.1926	Aufnahme Deutschlands in den Völkerbund
16.7.1927	Gesetz über die Arbeitslosenversicherung
7.6.1929	Unterzeichnung des Young-Plans durch die Sachverständigen
9.7.1929	Konstituierung des „Reichsausschusses für das deutsche Volksbegehren" (DNVP, Stahlhelm, NSDAP) (Beginn der Kampagne gegen den Young-Plan)
24.10.1929	Zusammenbruch der Kurse an der New Yorker Börse (Beginn der Weltwirtschaftskrise)
22.12.1929	Scheitern des Volksbegehrens gegen den Young-Plan
23.1.1930	Wilhelm Frick wird in Thüringen erster nationalsozialistischer Minister
12.3.1930	Annahme der Young-Gesetze durch den Reichstag
27.3.1930	Rücktritt des Kabinetts Hermann Müller
29.3.1930	Ernennung Heinrich Brünings zum Reichskanzler (Beginn der Präsidialkabinette)
14.9.1930	Reichstagswahlen unter dem Eindruck der Wirtschaftskrise; starke Gewinne für die NSDAP („Erbitterungswahlen")
13.7.1931	Zusammenbruch der Darmstädter und Nationalbank (Weitere Verschärfung der Wirtschaftskrise durch die Bankenkrise in Deutschland)
11.10.1931	Bildung der „Harzburger Front" (NSDAP, DNVP, Stahlhelm, Bund der Frontsoldaten, Reichslandbund und Alldeutscher Verband)
Febr. 1932	Höchststand der Arbeitslosigkeit: 6,128 Millionen Arbeitslose in Deutschland
10.4.1932	Wiederwahl Hindenburgs zum Reichspräsidenten
13.4.1932	Verbot von SA und SS

24.4.1932	Landtagswahlen in Preußen und vier weiteren Ländern: überall gewinnt die NSDAP stark, in Preußen verliert die langjährige Koalition unter Otto Braun die Mehrheit
30.5.1932	Entlassung des Kabinetts Brüning: stattdessen „Kabinett der nationalen Konzentration“ unter Franz von Papen
4.6.1932	Auflösung des Reichstags
16.6.1932	Aufhebung des SA-Verbots
20.7.1932	Preußenschlag Papens und Schleichers: Absetzung der geschäftsführenden Regierung, Einsetzung eines Reichskommissars
31.7.1932	Reichstagswahlen: NSDAP wird stärkste Partei
13.8.1932	Hitlers Forderung auf Ernennung zum Reichskanzler wird von Hindenburg abgelehnt
12.9.1932	Misstrauensvotum für Kabinett Papen, Auflösung des Reichstags
6.11.1932	Reichstagswahlen: NSDAP bleibt stärkste Partei, erleidet aber Verluste
17.11.1932	Rücktritt des Kabinetts Papen, bleibt aber geschäftsführend im Amt
2.12.1932	Kabinett Schleicher
4.1.1933	Treffen von Hitler und Papen bei Bankier Schröder in Köln (Auftakt der Sondierungsgespräche)
28.1.1933	Rücktritt Kurt von Schleichers, nachdem Hindenburg ihm die Unterstützung verweigerte
30.1.1933	Ernennung Hitlers als Reichskanzler an der Spitze eines national-konservativen Präsidialkabinetts
27.2.1933	Brand des Reichstags
28.2.1933	„Reichstagsbrandverordnung“: „Verordnung des Reichspräsidenten zum Schutz von Volk und Staat“
5.3.1933	Letzte „halbfreie“ Reichstagswahl im Klima der Angst
5. – 9.3.1933	Faktische Ausschaltung der Länder; später fixiert im Gleichschaltungsgesetz
21.3.1933	„Tag von Potsdam“ anlässlich der Eröffnung des Reichstags
23.3.1933	Ermächtigungsgesetz: „Gesetz zur Behebung der Not von Volk und Reich“
31.3.1933	Erstes Gesetz zur Gleichschaltung der Länder mit dem Reich
1.4.1933	Organisierter Boykott jüdischer Geschäfte
7.4.1933	Zweites Gesetz zur Gleichschaltung der Länder; Gesetz zur Wiederherstellung des Berufsbeamtentums
2.5.1933	Auflösung der Gewerkschaften
10.5.1933	Zentrale öffentliche Bücherverbrennung auf dem Opernplatz in Berlin
Juni/Juli	Selbstauflösung der Parteien
14.7.1933	Gesetz gegen die Neubildung von Parteien; „Gesetz zur Verhütung erbkranken Nachwuchses“
20.7.1933	Konkordat zwischen dem Deutschen Reich und dem Vatikan
14.10.1933	Deutschland verlässt die Abrüstungskonferenz und tritt aus dem Völkerbund aus

12.11.1933	Volksabstimmung über den Austritt aus dem Völkerbund und (unfreie) Reichstagswahl
30.6.1934	Röhm-Morde
2.8.1934	Tod Paul von Hindenburgs: Vereinigung der Ämter des Reichskanzlers und des Reichspräsidenten in Person des „Führers und Reichskanzlers“ Adolf Hitler („Gesetz über das Staatsoberhaupt des Deutschen Reichs“); Vereidigung der Wehrmacht auf Hitler als „Oberster Befehlshaber“
19.8.1934	Volksabstimmung über das Gesetz vom 2.8.1934
13.1.1935	Volksabstimmung im Saargebiet: 91% für die Rückführung ins Reich
16.3.1935	Wiedereinführung der allgemeinen Wehrpflicht
26.6.1935	Einführung der Arbeitsdienstpflicht
15.9.1935	„Nürnberger Gesetze“: „Gesetz zum Schutz des deutschen Blutes und der deutschen Ehre“ und „Reichsbürgergesetz“
7.3.1936	Einmarsch deutscher Truppen in das entmilitarisierte Rheinland
24.8.1936	Einführung des zweijährigen Wehrdienstes
30.1.1937	Verlängerung des Ermächtigungsgesetzes um weitere vier Jahre
12.3.1938	Einmarsch deutscher Truppen in Österreich
13.3.1938	„Anschluss“ Österreichs: „Gesetz über die Wiedervereinigung Österreichs mit dem Deutschen Reich“
10.4.1938	Volksabstimmung über die Wiedervereinigung Österreichs mit dem Deutschen Reich
30.5.1938	Hitlers Weisung an die Wehrmacht über die Zerschlagung der Tschechoslowakei
29.9.1938	Münchner Konferenz beschließt Abtretung der sudetendeutschen Gebiete an das Deutsche Reich
1.10.1938	Einmarsch deutscher Truppen in die sudetendeutschen Gebiete
9.11.1938	„Reichskristallnacht“: Organisierter Juden-Pogrom
15.3.1939	Einmarsch deutscher Truppen in die Tschechoslowakei
16.3.1939	Bildung des Reichsprotektorats Böhmen und Mähren
21.3.1939	Hitler fordert von Polen die Rückgabe von Danzig
31.3.1939	Britische und französische Garantieerklärung für Polen
23.8.1939	Abschluss des „Hitler-Stalin-Pakts“: Deutsch-sowjetischer Nichtangriffspakt mit geheimem Zusatzprotokoll
1.9.1939	Beginn des Zweiten Weltkriegs mit dem deutschen Angriff auf Polen
3.9.1939	Großbritannien und Frankreich erklären Deutschland den Krieg
27.9.1939	Kapitulation von Warschau
9.4.1940	Besetzung Dänemarks. Invasion in Norwegen
10.5.1940	Angriff auf Belgien, die Niederlande, Luxemburg und Frankreich
22.6.1940	Waffenstillstand zwischen Deutschland und Frankreich in Compiègne
13.8.1940	Beginn der Luftschlacht um England
22.6.1941	Angriff auf die Sowjetunion; Einsatzgruppen beginnen mit der systematischen Vernichtung der in den eroberten Territorien lebenden Juden

15.7.1941	Vorlage des Entwurfs des „Generalplans Ost“
31.7.1941	Beauftragung Heydrichs mit den „Vorbereitungen für eine Gesamtlösung der Judenfrage in Europa“
19.9.1941	Einführung des Judensterns im Deutschen Reich
1.12.1941	Vormarsch der deutschen Truppen kommt vor Moskau zum Stehen
Dez. 1941	Beginn der Vernichtung von Juden durch Vergasung in Chelmno
11.12.1941	Kriegserklärung Deutschlands an die USA, nachdem die USA nach Pearl Harbor Japan den Krieg erklärt haben
19.12.1941	Hitler übernimmt den Oberbefehl über das Heer
20.1.1942	Wannsee-Konferenz: Organisatorische Besprechung zur Koordination der „Endlösung der Judenfrage“
12.6.1942	Himmler billigt den „Generalplan Ost“
21./22.7.1942	Beginn der systematischen Deportationen der 350 000 Juden aus dem Warschauer Ghetto
11.11.1942	Deutscher Einmarsch in das bisher unbesetzte französische Gebiet
19.11.1942	Sowjetische Gegenoffensive bei Stalingrad
23.11.1942	Stalingrad ist von sowjetischen Truppen eingeschlossen
14. – 25.1.1943	Konferenz von Casablanca beschließt „unconditional surrender“
31.1. – 2.2.1943	Kapitulation der 6. Armee in Stalingrad
18.2.1943	Goebbels verkündet im Berliner Sportpalast den „totalen Krieg“
19.4.1943	Beginn des Aufstands im Warschauer Ghetto
10.7.1943	Alliierte Landung auf Sizilien
6.6.1944	Alliierte Invasion in Nordwestfrankreich
22.6.1944	Beginn der sowjetischen Sommeroffensive gegen die Heeresgruppe Mitte
3.7.1944	Zusammenbruch der Heeresgruppe Mitte im Osten
20.7.1944	Attentat auf Hitler
11.9.1944	Die Amerikaner erreichen die Reichsgrenze
16. – 24.12.1944	Ardennen-Offensive
3.1.1945	Alliierte Gegenoffensive in den Ardennen
12.1.1945	Sowjetische Offensive an der Weichsel
14.1.1945	Sowjetische Offensive zur Eroberung Ostpreußens
23.1.1945	Sowjetische Truppen erreichen die Oder in Schlesien
19.3.1945	Hitlers Befehl „Verbrannte Erde“ („Nero-Befehl“)
25.4.1945	Amerikanische und sowjetische Truppen treffen sich bei Torgau an der Elbe
30.4.1945	Adolf Hitler begeht Selbstmord
2.5.1945	Dönitz tritt als „Reichspräsident“ die Nachfolge Hitlers an
5.5.1945	Bildung einer „Geschäftsführenden Reichsregierung“ unter Graf Schwerin von Krosigk
7. – 8.5.1945	Kriegsende: Unterzeichnung der deutschen Kapitulationen in Reims und Berlin-Karlshorst

ZITATNACHWEIS

Joseph Goebbels, Seite 11 mitte: Fröhlich, Goebbels-Tagebücher, Teil I, Band 2/III, S. 119
Paul von Hindenburg, S. 12 unten: Meissner, Die Machtergreifung, S. 268
Otto Meißner, S. 14 unten: Meissner, Die Machtergreifung, S. 273
Paul von Hindenburg, S. 15 oben: Meissner, Die Machtergreifung, S. 273
Otto Meißner, S. 15 oben: Meissner, Die Machtergreifung, S. 273
Alfred Hugenberg, S. 15 mitte: Spiegel Special Geschichte 1/2008, S. 66
Adolf Hitler, S. 15 unten: Meissner, Die Machtergreifung, S. 275
Paul von Hindenburg, S. 16 oben: Meissner, Die Machtergreifung, S. 276
Franz von Papen, S. 17 oben: Janßen, 30. Januar, S. 21
Adolf Hitler, S. 17 unten: Knopp, Die Machtergreifung, S. 75
Joseph Goebbels, S. 20 unten: Wolfgang Benz, Geschichte des Dritten Reiches, S. 15
Harry Graf Kessler, S. 21 oben: Deuerlein, Der Aufstieg der NSDAP, S. 418
Karl Barth, S. 23 mitte: Becker, Hitlers Machtergreifung, S. 35
Britischer Botschafter, S. 23 unten: Becker, Hitlers Machtergreifung, S. 39
Adolf Hitler, S. 25 oben: Becker, Hitlers Machtergreifung, S. 38
Freya von Moltke, S. 25 mitte: Knopp, Die Machtergreifung, S. 72
Deutsche Allgemeine Zeitung, S. 16 unten: Eschenhagen, Die „Machtergreifung", S. 96
Jochen Klepper, S. 25-26 oben: Deuerlein, Der Aufstieg der NSDAP, S. 418
Hertha Nathorff, S. 26 oben: Knopp, Die Machtergreifung, S. 75
Theodor Wolff, S. 26 mitte: Eschenhagen, Die „Machtergreifung", S. 119-120
Paul von Hindenburg, S. 68 unten: Meissner, Die Machtergreifung, S. 183
Paul von Hindenburg, S. 70-71 oben: Meissner, Die Machtergreifung, S. 208
Frankfurter Zeitung, S. 71 mitte: Eschenhagen, Die „Machtergreifung", S. 28
Karl Kinndt, Simplicissimus, S. 71: Eschenhagen, Die „Machtergreifung", S. 37
Joseph Goebbels, S. 73 mitte: Fröhlich, Goebbels-Tagebücher, Teil I, Band 2/III, S. 103
Joseph Goebbels, S. 73 unten: Fröhlich, Goebbels-Tagebücher, Teil I, Band 2/III, S. 99
Joseph Goebbels, S. 74 mitte: Fröhlich, Goebbels-Tagebücher, Teil I, Band 2/III, S. 107
Alfred Hugenberg, S. 75 mitte: Knopp, Die Machtergreifung, S. 47
Oskar von Hindenburg, S. 77 mitte: Meißner, Die Machtergreifung, S. 234
Kurt von Schleicher, S. 78 unten: Janßen, 30. Januar, S. 9
Vorwärts, S. 79 oben: Eschenhagen, Die „Machtergreifung", S. 43
Telegramm der Gewerkschaften, S. 79 mitte: Winkler, Weimar, S. 587
Adolf Hitler, S. 83 oben: Becker, Hitlers Machtergreifung, S. 40
Adolf Hitler, S. 83 mitte: zitiert nach Knopp, Die Machtergreifung, S. 88
Hermann Göring, S. 85 oben: Becker, Hitlers Machtergreifung, S. 75

Adolf Hitler, S. 92 oben: Knopp, Die Machtergreifung, S. 129

Otto Wels, S. 99 oben: Verhandlungen des Reichstags, VIII. Wahlperiode 1933, Band 457, Berlin 1934; hier: 2. Sitzung, Donnerstag den 23. März 1933, S. 32-34

Adolf Hitler, S. 99 mitte: Verhandlungen des Reichstags, VIII. Wahlperiode 1933, Band 457, Berlin 1934; hier: 2. Sitzung, Donnerstag den 23. März 1933, S. 34-37

Völkischer Beobachter, S. 101 mitte: Knopp, Die Machtergreifung, S. 174

Joseph Goebbels, S. 103 mitte: Saur, Tage, die die Welt veränderten, S. 25

Führer-Verehrung, S. 109: G/Geschichte 11/11, S. 38

Franz von Papen, S. 111 oben: Spiegel Special Geschichte 1/2008, S. 73

Ernst Röhm, S. 111 mitte: Saur, Tage, die die Welt veränderten, S. 28

Gesetz vom 3. Juli 1934, S. 113 unten: Spiegel Special Geschichte 1/2008, S. 73

Adolf Hitler, S. 113 unten: Knopp, Die Machtergreifung, S. 262

Carl Schmitt, S. 114 mitte: Knopp, Die Machtergreifung, S. 264

Adolf Hitler, S. 125-126: Spiegel Special Geschichte 1/2008, S. 106

Adolf Hitler, S. 126: Becker, Hitlers Machtergreifung, S. 40

LITERATUR

Josef und Ruth Becker (Hrsg.), Hitlers Machtergreifung. Dokumente vom Machtantritt Hitlers 30. Januar 1933 bis zur Besiegelung des Einparteienstaates 14. Juli 1933, München 1993

Wolfgang Benz, Geschichte des Dritten Reiches, München 2005

Wolfgang Benz, Hermann Graml, Hermann Weiß (Hrsg.), Enzyklopädie des Nationalsozialismus, Stuttgart 1997

Karl Dietrich Bracher, Manfred Funke, Hans-Adolf Jacobsen (Hrsg.), Deutschland 1933–1945. Neue Studien zur nationalsozialistischen Herrschaft, Bonn 1993

Karl Dietrich Bracher, Manfred Funke, Hans-Adolf Jacobsen (Hrsg.), Die Weimarer Republik 1918–1933. Politik-Wirtschaft-Gesellschaft, Bonn 1988

Karl Dietrich Bracher, Gerhard Schulz, Wolfgang Sauer (Hrsg.), Die nationalsozialistische Machtergreifung. Studien zur Errichtung des totalitären Herrschaftssystems in Deutschland 1933/34, Bd. I: Stufen der Machtergreifung, Frankfurt/M., Berlin, Wien 1974

Martin Broszat, Die Machtergreifung. Der Aufstieg der NSDAP und die Zerstörung der Weimarer Republik, München 1994

Alexander Demandt, Es hätte auch anders kommen können. Wendepunkte deutscher Geschichte, Berlin 2011

Alexander Demandt, Ungeschehene Geschichte. Ein Traktat über die Frage: Was wäre geschehen, wenn ...?, Göttingen 2001

Ernst Deuerlein, Der Aufstieg der NSDAP in Augenzeugenberichten, München 1974

Wieland Eschenhagen (Hrsg.), Die „Machtergreifung". Tagebuch einer Wende nach Presseberichten vom 1. Januar bis 6. März 1933, Darmstadt, Neuwied 1982

Joachim C. Fest, Hitler, Frankfurt/M., Berlin 1995

Elke Fröhlich (Hrsg.), Angela Hermann (Bearb.), Die Tagebücher von Joseph Goebbels, Institut für Zeitgeschichte, Teil I, Band 2/III Oktober 1932–März 1934, München 2006

Klaus Hildebrand, Das Dritte Reich (Oldenbourg, Grundriss der Geschichte, Bd. 17), München 1995

Karl-Heinz Janssen, 30. Januar. Der Tag, der die Welt veränderte. Ein Report, Rastatt 1987

Gotthard Jasper, Die gescheiterte Zähmung. Wege zur Machtergreifung Hitlers 1930–1934, Frankfurt/M. 1986

Ian Kershaw, Der NS-Staat. Geschichtsinterpretationen und Kontroversen im Überblick, Reinbek b. Hamburg 2006

Guido Knopp, Die Machtergreifung, München 2009

Eberhard Kolb, Die Weimarer Republik (Oldenbourg, Grundriss der Geschichte, Bd. 16), München 1998

Rudolf Lill, Heinrich Oberreuter (Hrsg.), Machtverfall und Machtergreifung. Aufstieg und Herrschaft des Nationalsozialismus, München 1983

Hans Otto Meissner, Die Machtergreifung. 30. Januar 1933, München, Berlin 2002

Philip Metcalfe, Berlin 1933. Das Jahr der Machtergreifung. Lebensläufe zu Beginn des Nationalsozialismus, Stuttgart 1989

Wolfgang Michalka (Hrsg.), Das Dritte Reich. Dokumente zur Innen- und Außenpolitik, Band 1 „Volksgemeinschaft und Großmachtpolitik 1933-1939, München 1985

Wolfgang Michalka, Gottfried Niedhart (Hrsg.), Die ungeliebte Republik. Dokumente zur Innen- und Außenpolitik Weimars 1918–1933, München 1986

Detlev J. K. Peukert, Die Weimarer Republik. Krisenjahre der klassischen Moderne, Frankfurt/M. 1987

Wolfram Pyta, Hindenburg. Herrschaft zwischen Hohenzollern und Hitler, München 2007

Wolfram Pyta, Ludwig Richter (Hrsg.), Gestaltungskraft des Politischen. Festschrift für Eberhard Kolb (Historische Forschungen, Bd. 63), Berlin 1998

Volker Rittberger (Hrsg.), 1933. Wie die Republik der Diktatur erlag, Stuttgart, Berlin, Köln, Mainz 1983

Karl-Otto Saur (Hrsg.), Jan Schleusener (Autor), Tage, die die Welt veränderten. 30.1.1933. Hitlers Machtergreifung, Augsburg 2004

Hagen Schulze, Weimar. Deutschland 1917–1933, (Siedler, Deutsche Geschichte, Bd. 10), Berlin 1998

Henry Ashby Turner Jr., Hitlers Weg zur Macht. Der Januar 1933, München 1997

Verhandlungen des Reichstags, VIII. Wahlperiode 1933, Band 457, Stenographische Berichte. Anlagen zu den Stenographischen Berichten. Sach- und Sprechregister, Berlin 1934

Heinrich August Winkler, Weimar 1918–1933. Die Geschichte der ersten deutschen Demokratie, München 2005

Heinrich August Winkler (Hrsg.), Die deutsche Staatskrise 1930–1933. Handlungsspielräume und Alternativen (Schriften des Historischen Kollegs, Kolloquien 26), München 1992

Andreas Wirsching, Das Jahr 1933. Die nationalsozialistische Machteroberung und die deutsche Gesellschaft, Göttingen 2009

REGISTER

Personenregister

Sachregister

ABBILDUNGSNACHWEIS

akg-images: S. 1, 18, 19, 22, 33, 37, 42, 51, 89, 95, 102, 115, 127, 136; bpk: S. 28, 46, 82; picture alliance: S. 110, 131